交通运输职业系列丛书

交通运输工程监理工程师

交通运输部职业资格中心 编著
中国交通建设监理协会

人民交通出版社股份有限公司

北 京

内 容 提 要

本书聚焦交通运输工程监理工程师，介绍了这一职业的发展历程、职业价值和工作职责；结合交通运输工程监理工程师职业研究相关成果，阐述了交通运输工程监理工程师职业能力、职业知识、职业技能、职业素养及职业环境等内容；本书还挑选了一些交通运输工程监理工程师的故事来更立体地展示交通运输工程监理工程师这一职业的风采。

本书可作为相关从业者及社会人员了解交通运输工程监理工程的读物，也可作为交通运输工程相关专业学生志愿填报、择业及交通运输从业人员职业规划的参考书，亦可作为职业研究者的参考资料。

图书在版编目(CIP)数据

交通运输工程监理工程师 / 交通运输部职业资格中心，中国交通建设监理协会编著. — 北京：人民交通出版社股份有限公司, 2024.1
ISBN 978-7-114-19146-6

Ⅰ.①交… Ⅱ.①交… ②中… Ⅲ.①公路运输—运输工程—监理工作 Ⅳ.①U4

中国国家版本馆 CIP 数据核字(2023)第 248822 号

交通运输职业系列丛书
Jiaotong Yunshu Gongcheng Jianli Gongchengshi
书　　名：**交通运输工程监理工程师**
著 作 者：交通运输部职业资格中心
　　　　　中国交通建设监理协会
责任编辑：刘永超　侯蓓蓓
责任校对：赵媛媛　龙　雪
责任印制：刘高彤
出版发行：人民交通出版社股份有限公司
地　　址：(100011)北京市朝阳区安定门外外馆斜街 3 号
网　　址：http://www.ccpcl.com.cn
销售电话：(010)59757973
总 经 销：人民交通出版社股份有限公司发行部
经　　销：各地新华书店
印　　刷：北京市密东印刷有限公司
开　　本：720×960　1/16
印　　张：9.75
字　　数：170 千
版　　次：2024 年 1 月　第 1 版
印　　次：2024 年 1 月　第 1 次印刷
书　　号：ISBN 978-7-114-19146-6
定　　价：50.00 元

(有印刷、装订质量问题的图书，由本公司负责调换)

交通运输职业系列丛书编审委员会

主　　　任：申少君
副　主　任：张　杰　孙　海　陈孝平
委　　　员：张文玉　何朝平　王福恒　张　萍　郝鹏玮
　　　　　　张　巍　刘　欣　雷小芳　沈冬柏　周叶飞

本书编写成员

主　　　编：申少君　李明华
副　主　编：陈班雄　吕翠玲　侯小梅
其他编写人员：张祖棠　佟亚丽　单士甫　熊　莉　刘燕燕
　　　　　　曾　勇　李　明　高传东　陈金湖　习明星
　　　　　　李　凌

Preface 前言

千古百业兴,先行在交通。我国交通基础设施建设,伴随改革开放的浪潮大力发展,取得了举世瞩目的成就,为我国实现第一个百年奋斗目标,开启全面建设社会主义现代化国家新征程奠定了坚实基础。

30多年来,广大交通建设者建成了一批批国家重点工程,如京新高速公路、沪蓉西高速公路、雅西高速公路、秦岭终南山公路隧道、杭州湾跨海大桥、苏通长江公路大桥、港珠澳大桥、洋山深水港、长江口深水航道治理等一系列典型性、标志性工程,这些工程集成了丰富的公路、水运工程建设技术和管理经验,达到了世界先进水平,使我国交通基础设施建设享誉全球。其中,广大交通运输工程监理工程师用他们的坚守和付出,为打造平安百年品质工程,服务加快建设交通强国起到了保驾护航的作用。

1985年以来,交通运输部先后制定了与工程监理有关的规章20余项,涵盖公路水运工程监理企业资质、人员资格、工作职责、招标投标、信用评价等方面,为交通建设监理制度的发展提供了法律保障和政策支持,建立并完善了具有中国特色的交通运输工程监理制度。工程监理制作为我国交通建设领域四项基本建设制度之一,较好地促进了我国工程监理行业的发展,为交通运输建设的快速、健康发展起到了重要的保障作用。

与此同时,我国交通建设监理人才队伍从无到有,从小到大。截至2023年11月,我国公路监理企业达千余家,水运监理企业达百余家,取得原公路水运工程监理工程师资格证书8万余人,取得交通运输工程监理工程师职业资格证书4万余人,监理工程师专业技术人才队伍已经成为中国交通运输工程事业不可或缺的重要力量。

监理工程师是依靠技术和管理参与工程项目管理的专业技术人员。当前的公路、水运工程监理主要以施工监理为主，监理工作可概括为"五控两管一协调"，即质量、安全、环保、费用、进度控制，以及合同管理、信息管理和综合协调，为建设项目施工过程提供监理咨询服务和监督管理服务。随着工程建设市场的不断发展，建设项目全过程咨询悄然兴起，即从前期策划、设计、招投标、施工到竣工后评估等的全过程和各阶段咨询服务。在加快建设交通强国和质量强国的大背景下，相信监理工程师对工程建设项目的顺利实施将发挥更大的作用。

为统一规范监理工程师职业资格设置和管理，根据《国家职业资格目录》，住房和城乡建设部、交通运输部、水利部、人力资源和社会保障部于2020年联合印发了《监理工程师职业资格制度规定》和《监理工程师职业资格考试实施办法》，有力保障了监理工程师人才队伍建设，并为监理工程师职业长远发展奠定了坚实基础。

关注交通运输工程监理工程师职业的健康发展，弘扬监理工程师在守护工程安全和质量中的使命担当，是一件非常有意义的事。为此，我们专门策划编写了《交通运输工程监理工程师》，该书的定位是一本全面了解交通运输工程监理工程师职业的科普读物。通过本书既能让外界了解交通运输工程监理工程师的职业特点，又能让广大交通运输工程监理工程师清楚自己的职业发展和职责所在。

本书由交通运输部职业资格中心会同中国交通建设监理协会编写。在编写期间，得到了交通运输部公路局、水运局和安全与质量监督管理司等单位的领导及公路水运工程监理行业人士的大力支持和帮助，在此表示诚挚的感谢。同时，感谢中交博雅文化传播有限公司、中咨公路工程监理咨询有限公司、广东华路交通科技有限公司、浙江公路水运工程监理有限公司、江西交投咨询集团有限公司、北京水规院京华工程管理有限公司、广西八桂工程监理咨询有限公司、广州南华工程管理有限公司等单位对编写工作的大力支持。

在编写过程中，我们尽可能完善和展现想要表达的内容，但由于种种原因，仍存在许多不足之处，敬请指正。

编　者

2023 年 11 月

CONTENTS | 目录 |

第一章　交通运输工程监理工程师的起源与发展 …………………… 001
　　第一节　监理的起源 …………………………………………… 001
　　第二节　行业的发展促进监理职业的成长 …………………… 005
　　第三节　监理工程师职业的发展概况 ………………………… 009
　　第四节　我国监理工程师与国际工程咨询师的差异 ………… 013

第二章　交通运输工程监理工程师的工作内容 ……………………… 019
　　第一节　监理工程师执业范围 ………………………………… 019
　　第二节　监理机构的岗位设置和监理工作基本制度 ………… 020
　　第三节　监理机构及各岗位监理工程师的主要工作内容 …… 022

第三章　交通运输工程监理工程师的职业技能 ……………………… 028
　　第一节　目标控制 ……………………………………………… 028
　　第二节　现场调查 ……………………………………………… 029
　　第三节　专题论证 ……………………………………………… 035
　　第四节　方案审查 ……………………………………………… 039
　　第五节　试验检测 ……………………………………………… 039
　　第六节　监控测量 ……………………………………………… 046
　　第七节　信息化 ………………………………………………… 048
　　第八节　计算分析 ……………………………………………… 053
　　第九节　其他技能 ……………………………………………… 058

第四章　交通运输工程监理工程师的职业素养 …… 063

第一节　职业道德 …… 063
第二节　职业能力 …… 065
第三节　职业规范 …… 067
第四节　职业素质 …… 069
第五节　职业规划 …… 072

第五章　交通运输工程监理工程师的职业环境 …… 076

第一节　当前交通运输工程监理行业的发展环境 …… 076
第二节　行业发展对监理工程师职业发展的影响 …… 078
第三节　监理工程师的职业风险 …… 084
第四节　国际项目对监理工程师的要求 …… 088
第五节　我国交通建设工程监理工程师的职业前景 …… 090

第六章　交通运输工程监理工程师的职业实践 …… 093

第一节　打造企业的人才队伍 …… 093
第二节　"以人为本"是监理企业的命脉 …… 099
第三节　事无巨细的现场监理 …… 103
第四节　主内又主外的项目监理 …… 109
第五节　水运监理项目的特点 …… 114
第六节　依托行业实现个人的成长 …… 117
第七节　监理人的职业追求 …… 121

附图 …… 127

参考文献 …… 143

第一章
交通运输工程监理工程师的起源与发展

监理制度起源于16世纪,"监理"一词源远流长,经过数百年的发展和时代的变迁,才有了今天的内涵。

1992年1月25日,交通部发布了《公路、水运工程监理工程师注册办法》,标志着我国公路、水运工程监理人员考核认定及注册制度建立。2004年5月14日,交通部发布的《公路水运工程监理工程师执业资格考试管理暂行办法》,使交通运输工程监理工程师职业资格开启了以考代评的新时期。

30多年来,交通运输工程监理工程师队伍秉承着"严格监理、热情服务、秉公办事、一丝不苟"的监理工作原则,为工程建设保驾护航,在我国交通建设事业高质量发展的进程中发挥了不可替代的作用。

第一节 监理的起源

一、国外咨询(监理)的起源

国外咨询(监理)制度的起源,可以追溯到工业革命前的16世纪。在工程咨询(监理)行业出现以前,建筑师就是总营造师或建筑承包商,他受雇或从属于业主,负责工程项目的设计、施工以及材料设备的采购。一般来说,建筑工程设计主要由建筑承包商来完成,施工者即是设计者。16世纪以后,随着社会对土木工程建造技术要求的不断提高,传统的做法已无法适应工程项目管理要求,特别是第一次工业革命,促进了欧洲大陆城市化和工业化,建筑业也迎来了空前繁荣。19世纪初,随着建设项目规模日益增加,技术日趋复杂,设计和施工有了明显分工,业主感到单靠自己的力量监督管理工程十分困难,工程咨询(监理)的重要性由此逐步被人们所认识,工程监理便应运而生。

第二次世界大战以后,欧美各国在恢复重建中加快了现代化的进程,尤其是20世纪50年代末,发达国家需要建设许多大型水利工程、核电站工程、航天工程和大型钢铁企业及石油化工企业,这些工程规模大、技术复杂,无论投资者还是承建商都感到力不从心,如何实施建设项目的科学管理便提上了业主议程,并从此开始了对建设项目前期的可行性研究,进而拓宽了咨询(监理)的业务范围,由项目建设施工阶段的工程监理向前延伸到工程可行性决策阶段的咨询服务,于是工程咨询和监理服务逐步贯穿于建设活动的全过程。

为了适应国际工程咨询(监理)行业业务发展的新形势,共同维护其职业利益并相互交流有益信息,1913年国际咨询工程师联合会(FIDIC)在比利时根特正式成立,最初的成员为比利时、法国和瑞士3个国家独立的咨询工程师协会。1949年,英国土木工程师协会成为正式代表,并于次年以东道主身份在伦敦主办FIDIC代表会议,历史学家普遍认为这次会议标志着当代国际咨询工程师联合会的诞生。1959年,美国、南非、澳大利亚、加拿大加入联合会,FIDIC从此打破了地域的界限,成为世界银行和其他国际金融组织认可的最有权威的国际咨询服务机构。FIDIC的总部设在瑞士洛桑,下设亚洲及太平洋地区成员协会(ASPAC)、欧洲共同体成员协会(CEDIC)、非洲成员协会集团(CAMA)、北欧成员协会集团(RINORD)四个地区成员协会,其成员覆盖50多个国家和地区。

FIDIC成立100多年来,为规范世界各国的土木工程项目的承包和管理工作,制订了一系列国际土木工程建设与管理的合同条件和范本,常用和知名的有《投标程序》《施工保险和法律》《设计——建造与交钥匙工程合同条件》等。其中,《业主与咨询工程师标准服务协议书》是雇主与咨询工程师之间的缔约,因其封面呈银白色而被称为"白皮书";《土木工程施工合同条件》是雇主与承包商之间的缔约,因其封皮呈红色而取名"红皮书";《电气与机械工程合同条件》是雇主与电气/机械承包商之间的缔约,因其封面呈黄色而得名"黄皮书";《工程总承包合同条件》是总承包商与分包商之间的缔约,因其封面呈橘黄色而得名"橘黄皮书"。FIDIC制定的合同条件常被世界银行、亚洲开发银行等国际和区域发展援助金融机构作为实施工程项目的合同和协议范本。上述合同条件中,"红皮书"的影响最大,有"土木工程合同的圣经"之誉。

进入20世纪80年代,咨询(监理)制度在国际上得到了很大的发展,以我国为代表的一批发展中国家和一批新型经济体也开始采用发达国家的这种做法,并结合本国的实际开展监理(咨询)活动。

近20年来,西方发达国家的咨询(监理)制度正向法治化、程序化发展,有关的法律、法规都对咨询(监理)的内容、方法,以及从事咨询(监理)的社会组织做了详尽的规定。但是各国的具体做法还是存在一定的差异,即使在同一个国家,由于建设工程项目不同,咨询(监理)业务也不尽相同,与此相关联的法律制度也有所不同。经过不断地发展和完善,工程咨询(监理)制度逐步成为工程建设组织体系的一个重要部分,工程建设活动中形成了业主、承包商和监理工程师三足鼎立的基本格局。世界银行和亚洲、非洲开发银行等国际金融组织,也都把实行监理制度作为提供建设贷款的条件之一,建设工程监理便成为当今工程建设的国际惯例。

真正将"监理"一词用于工程的,则是日本。1870年4月至1872年10月,他们修建第一条铁路——东京新桥至横滨樱木町铁路,用外国技师为"督工"。1892年,在铁道局下设庶务课、监理课、工务课、运输课和计理课,其中监理课负责国铁及私铁的工程设计、业务监察等事务。因此,我们说工程中"监理"一词最初来源于日本是有据可依的。

二、我国监理的起源

1978年改革开放以来,中国经济获得新生,工程建设也步入了发展的快车道。

1984年建设的云南鲁布革水电站,是中国第一个利用世界银行贷款、实行国际公开招标的水电工程。因是贷款建工程,在世界银行要求下,引入国际通行的FIDIC管理模式,保证工程建设费用的合理使用与成本管控,这是我们首次接触到西方的咨询工程师制度。

鲁布革改革试点使新技术、新设备、新材料、新经验涌进,让国人开阔了视野,从中看到了中国工程建设模式与国外的差距,对于中国工程项目管理发展而言,具有十分重要的意义,开启了中国工程项目管理新时代。1987年5月召开的全国施工工作会议,决定在建设领域全面推广鲁布革项目管理经验,推行招标投标制和项目法人负责制。

1984年9月,国务院印发《关于改革建筑业和基本建设管理体制若干问题的暂行规定》(国发〔1984〕123号),明确提出"改变工程质量监督制度,在地方建立有权威的政府工程质量监督机构"。我国开始对工程实行质量监督制度。

1987年10月13日,国务院发布施行《中华人民共和国公路管理条例》,加强公路的建设和管理,发挥公路在国民经济、国防和人民生活中的作用。1988年7月25日,建设部印发了《关于开展建设监理工作的通知》(〔88〕建建字第142号),中国监理行业及监理制度正式确立。1988年11月28日,建设部再次发文,决定在北京、上海、南京等八市和公路与水电行业试点推行工程监理制度,监理工程师开始在交通领域发挥作用。

作为"八市二部"试点监理工程师制度的部门之一,交通部于1985年选择陕西省西(安)三(原)一级公路(以下简称"西三公路")为世界银行第一批贷款公路项目。西三公路于1986年12月开工建设。该项目通过国际招标,选定丹麦金硕咨询公司为咨询监理单位,与国内经过培训的首批公路工程监理工程师一起,按FIDIC条款进行监理。

1987年5月,京津塘高速公路被列入第二批世界银行贷款公路项目,1987年12月开工,交通部组建了公路交通系统的总监代表处,试行中外联合监理制度,取得了高速公路工程施工监理的成功经验。

西三公路工程迈出了中国公路建设管理体制改革的第一步,京津塘高速公路工程则在此基础上,全面推行了工程监理制度。

1986年11月,天津港东突堤工程开工,这是国内使用世界银行贷款、实行土木工程国际招标并按FIDIC条款实行施工监理的第一个水运工程项目。东突堤工程明确了项目单位的经济法人地位,严格按照FIDIC要求进行了工程国际招投标,并严格按照FIDIC工程监理标准进行了工程管理,成为第一个按照FIDIC条款取得成功的水运工程。

纵观中国第一代交通运输工程监理工程师,大多都是从这些大型项目中培养和成长起来的。在这一时期,我国的工程建设监理制度,一步步确立起来。

1988年5月3日,时任国务院总理李鹏同志主持国务院总理办公会议,批准建设部"三定"方案,确定建设部负责实施建设监理制。

1988年7月25日,建设部印发《关于开展建设监理工作通知》([88]建建字第142号),标志着我国建设监理制度正式建立。

1989年7月28日,建设部发布《建设监理试行规定》([89]建建字第367号),明确建设监理包括政府监理和社会监理。其中,政府监理是指政府建设主管部门对建设单位的建设行为实施的强制性监理和对社会监理单位实行的监督管理;社会监理是指社会监理单位受建设单位的委托,对工程建设实施的监理。建设监理的依据是国家工程建设的政策、法律、法规,政府批准的建设计划、规划、设计文件以及依法成立的工程承包合同。

1989年10月23—26日,建设部在上海召开了第三次全国建设监理试点工作会议。建设部副部长干志坚作了《总结经验,深化改革,进一步开拓建设监理工作》的报告。会议的重要意义在于把建设监理试点工作从"八市二部"的范围扩大到全国各地区、各部门，从而使建设监理的试点工作进入一个新的更加广泛的阶段。

1995年交通部发布了我国第一部《公路工程施工监理规范》。《公路工程施工监理规范》的发布实施，适逢我国公路建设高峰、跨越式发展期，有力地指导、规范了公路工程监理工作行为，为落实工程监理制度、保证工程质量安全发挥了不可替代的重要保障作用，促进了我国公路建设事业的健康有序发展。

第二节　行业的发展促进监理职业的成长

1983年，我国开始实施政府对工程质量监督制度。1987年，交通部基本建设工程质量监督总站成立，各省市也相继成立了交通工程质量监督站。工程建设监督由行政监督向政府专业质量监督转变，由施工企业自检自评向第三方认证和企业内部保证相结合转变。

随着改革开放的深化和社会主义市场经济的发展，我国的建设项目规模越来越大，资金来源越来越多元化，参建的主体多存在不同的利益，参建各方承担的风险越来越高。在这一背景下，亟须新的工程建设管理模式来适应和维护参建各方的权益，我国的工程监理制度在这样的形势下应运而生。

中国交通建设监理制度的全面推行，促进了工程监理行业的快速发展，使监理工程师这支职业队伍得到迅速地成长和壮大。

一、我国监理行业的发展

纵观监理行业的发展，大体经历了五个阶段，而我国的监理工程师职业，则是伴随建设工程监理制度的建立而诞生和发展起来的。

1. 试点阶段（1986—1992年）

1988年8月12—13日，建设部在北京召开建设监理试点工作会议，即第一次全国建设监理工作会议，商讨监理试点工作的目的、要求，确定监理试点单位的条件等事宜。那时候的工程监理被称为"监理人"。

1989年，交通部率先颁布了我国第一部有关监理的法规性文件《公路工程施工监理暂行办法》（〔89〕工公字131号），其中提到了"监理工程师"这一名词。

1992年1月25日，交通部以交工发〔1992〕66号文发布《公路、水运工程监理工程师注册办法》，提出"监理工程师按注册形式分为监理工程师资格和专项监理工程师资格"，明确监理工程师的注册条件、评审、注册与注销注册等，标志着我国公路、水运工程监理人员考核认定及注册制度的建立，广大监理人真正开始被称为"监理工程师"。同年5月16日，交通部以交工发〔1992〕378号文发布《公路工程施工监理办法》，确立了我国公路工程监理工作的原则为"严格监理、热情服务、秉公办事、一丝不苟"，这标志着工程监理制度正式引入我国公路建设中。

1993年11月，交通部决定在交通系统推行工程监理制，比全国提前至少2年。

2. 稳步发展阶段（1993—1995年）

1994年底，全国已有29个省、自治区、直辖市和国务院所属的36个部门推行监理制度，进一步推动了监理工程师群体的不断扩大。截至1995年底，全国有29个省、自治区、直辖市和国务院所属的39个工业、交通等部门推行了建设监理制度，成立监理单位1500多家，监理工作的从业人员达8万余人。截至1996年底，全国共有工程建设监理单位2100多家，全国从事监理工作的人员共10.2万余人，取得建设部、人事部确认资格的监理工程师的人数达2963人，经过注册的监理工程师达1865人。

在大型工程的监理工作中，特别是在一些外资、合资项目的监理工作中，我国的监理人员已经成为工程监理的主力。

3. 全面推行阶段（1996—2000年）

1996年，中国工程咨询协会代表我国加入了FIDIC，成为正式成员。

这一年，全国开展监理工作的地级市达到238个，工程建设领域已经普遍推行建设监理制。1996年1月4日，交通部发布《公路、水运工程监理工程师资质管理办法》（交基发〔1996〕29号），对加强公路、水运工程监理工程师资质管理，做好监理工程师的资格审批等工作有了更具体的规定。

4. 深化发展阶段（2001—2013年）

2001年以来，监理行业一系列法律、法规的出台，不仅更加细化了监理单位的工作范围和标准，而且更加明确了工程监理单位的安全责任，监理人承担的职责和功能更加完备。

2004年5月14日，交通部发布了《公路水运工程监理工程师执业资格考试管理暂行办法》，并于同年10月举行了全国第一次公路水运工程监理工程师职业资格考试,交通运输工程监理工程师职业资格开启了以考代评的新时期。

为促进监理市场有序发展,加强公路水运工程监理工程师从业管理,2011年10月10日,交通运输部制定印发了《公路水运工程监理工程师登记管理办法》,确定自2012年3月1日起施行。

为加强公路水运工程监理市场管理,维护公平有序竞争的市场秩序,增强监理企业和监理工程师诚信意识,推动诚信体系建设,2012年12月25日,交通运输部发布《公路水运工程监理信用评价办法》(交质监发〔2012〕774号),对监理企业和监理工程师从业承诺履行状况进行评定。

5. 转型发展阶段(2014年至今)

2015年4月,交通运输部《关于深化公路建设管理体制改革的若干意见》强调,监理工作是项目建设管理工作的重要组成部分。要坚持和完善工程监理制,更好地发挥监理作用、明确监理定位、明确监理职责和权利、调整完善监理工作机制、引导监理企业和监理从业人员转型发展。

2017年6月12日,交通运输部发布《公路水运工程安全生产监督管理办法》(交通运输部令2017年第25号),要求加强公路水运工程安全生产监督管理,减少生产安全事故,鼓励监理等从业单位运用科技和信息化手段对存在重大安全风险的施工部位加强监控。

2017年9月4日,交通运输部发布《公路水运工程质量监督管理规定》(交通运输部令2017年第28号),明确公路水运工程实行质量责任终身制,建设、勘察、设计、施工、监理等单位应书面明确相应的项目责任人和质量责任人。

2020年2月28日,住房城乡建设部、交通运输部、水利部、人力资源和社会保障部印发《监理工程师职业资格制度规定》《监理工程师职业资格考试实施办法》,明确充分发挥监理工程师对施工质量、建设工期和建设资金使用等方面的监督作用。

2022年4月3日,交通运输部发布《公路水运工程监理企业资质管理规定》(交通运输部令2022年第12号),规范公路、水运工程监理企业的资质管理,保证公路、水运工程建设质量。

二、监理职业队伍的发展

自1988年建设工程监理制度试点至今,我国建设工程监理行业已有三十多年的发展历程。作为为建设项目提供高质量、高智能服务的技术密集型行业,监理从无到有,从小到大,为进一步提升工程建设项目管理水平,有效利用建设资金,切实保证工程质量、进度和投资效益发挥了重要作用,已成为我国公路、水运工程建设中不可缺少的重要环节。

随着监理行业的发展,我国的交通运输监理企业也达到了一定的规模,截至2023年6月,我国公路监理企业达千余家,水运监理企业达百余家。与此同时,也逐步形成了一支专业的交通运输工程监理专业人才队伍。

2002年及以前,我国的公路水运监理工程师资格证书是经由交通部评审通过后获得。

2003年,交通部第一次组织了辽宁、江苏等4个省的监理工程师试点考试,为监理工程师队伍的稳定发展开启了新的篇章。

2004—2007年,交通部组织开展全国公路水运监理工程师试点考试;2009—2014年,交通运输部组织开展公路水运监理工程师过渡考试;2019年,交通运输部组织开展公路水运监理工程师收尾考试。

从2020年开始,由人力资源社会保障部和交通运输部联合组织的全国监理工程师职业资格考试每年举办一次,步入了常规化。截至2022年9月底,我国公路水运监理工程师职业资格考试共进行了14次,全国具有公路、水运工程监理职业资格的人数达到了85863人(表1-1)。

交通运输工程监理工程师职业资格人数一览表　　　　表1-1

年度	公路工程(人)	水运工程(人)	合计	备注
2002及以前	9575	903	10478	由交通部评审获取资格
2003	774	34	808	通过交通部第一次组织的辽宁、江苏等4个省的监理工程师试点考试获得资格
2004	5288	409	5697	通过交通部组织的公路水运监理工程师试点考试获取资格
2005	8959	481	9440	
2006	7744	295	8039	
2007	4109	134	4243	
2009	6248	368	6616	通过交通运输部组织的公路水运监理工程师过渡考试获取资格
2010	4730	535	5265	
2011	3844	460	4304	
2012	5369	535	5904	
2013	2373	250	2623	
2014	3323	287	3610	
2019	2206	214	2420	通过交通运输部组织的公路水运监理工程师收尾考试获取资格

续上表

年度	公路工程(人)	水运工程(人)	合计	备注
2020	6503	682	7185	通过人社部与交通运输部联合组织的全国监理工程师考试获取交通运输专业监理工程师资格
2021	8430	801	9231	
合计	79475	6388	85863	—

(数据来源:中国交通建设监理协会)

第三节 监理工程师职业的发展概况

随着我国交通运输工程监理行业的发展壮大,监理工程师职业也不断发展和完善,形成了一支职业素养高、业务能力强的专业队伍。

一、公路工程监理工程师职业的发展

公路工程作为公益性的公共服务设施,与其他建设领域有所差别,也因此在工程监理方面要先行一步。如果向上追溯,不难发现,公路工程监理的发展更加超前。监理工程师岗位在工程监理制提出之前就已经出现,这个时间点,可以追溯到1953年。

1953年7月,交通部颁布的《公路基本建设工程技术监理工作暂行办法草案》(以下简称"办法")规定,凡公路基本建设中一切新建、改建及恢复工程的技术监理工作悉依照该办法办理。该办法主要内容包括总则、组织机构及分工、技术监理工程师的权力、技术监理的执行、监理机构与工程队的关系、兼任技术监理工程师的职权与任务、自营工程与发包工程的技术监理、中间检查验收及竣工验收、监理费用、附则共10章31条,以及附件"技术监理工作月报表"。

该办法规定,技术监理机构应为有系统的专责机构,设高级监理工程师及技术员各若干人。该办法还明确了监理组组长、主任监理公路工程师、监理工程师、技术员的任务,各级技术监理工程师应具有的权力,以及监理执行等要求。

具体来看,监理人员的任务包括:检查施工准备、施工组织、工作方法是否完善;检查安全卫生措施是否妥善;检查工程质量,确定与技术设计不符的程度;审核工程验工月报表,确定已完工程数量及品质的符合程度等。进行定期

拨款验收时,施工单位应于每月月底前计算已完成的分部工程的数量,并将必要的图表、资料及工程验工月报表备齐,由监理工程师验收签证,以凭拨款。

该办法的颁布实施宣告了监工制彻底向监理制的转变,为工程监理的起步和发展奠定了非常重要的基础。

据《中国公路史》(第二册)记载,该办法贯彻执行后,大大加强了工程技术管理工作,对保证和提高工程质量起到了良好作用,对在工程方面推行工程发包也起到了极大的促进作用。如1954年施工的福温线的福州马尾至琯头段,施工难度很大,为此加强了技术管理与科学研究,派出了监理工程师,并进行了全面计划管理的试点,不仅培训了干部、提高了管理经验,还保证了质量与进度。

1956年,交通部重新颁发《公路基本建设施工技术监理办法草案》。从历史角度来看,这对工程监理制的提出具有里程碑意义。特别是该办法中提到的第六条监理工作的内容、第七条监理人员的权利和第八条相关责任等,既有工程质量、交竣工验收,也有安全,还有工程进度、费用、合同、技术文件、工程价款结算等,已是较全面的项目建设管理而非单纯的质量监管。在工作执行方面,监理工程师的具体工作程序和规范,很多也延续至今。一是监督施工,审查变更设计和编制监理工作报告;二是参加承包人生产会议,对施工组织、施工方法和技术问题提出意见;三是检查工程进度,并要求于规定限期内完成工作;四是监督材料、半成品和成品试验,检验施工测量,执行隐蔽工程、已完工程检查,参加中间交工验收、交工验收和竣工验收工作;五是提出改正意见、返工和停工等通知;六是监督已完工程的工作量和计价的正确性;七是审查签认承包人的验工月报表,连同工程价款结算单报主管部门核拨工程款等。

1984年9月,国务院发布《关于改革建筑业和基本建设管理体制若干问题的暂行规定》,开启了建筑业和基本建设管理体制改革的序幕。

从西三公路工程试点开始,工程监理制度的"星星之火",逐渐形成"燎原之势",监理工程师职业逐步走向正轨。

西三公路工程自1986年12月正式开工,到1989年12月竣工,建设用时3年,按照FIDIC条款进行工程项目管理试点,充分证明了国家推行建设项目管理体制、监理工程师制度、强化工程监理的做法切实可行。西三公路工程的建设,催生了包括招标方式、招标文件、监理模式在内的工程管理样板,为中国全面推行工程监理制度积累了宝贵的经验,培养了新中国工程管理第一代监理人才,为日后监理队伍的发展壮大打下了坚实基础。

在西三公路工程试点的经验基础上,交通部决定在第二批世界银行贷款项目——京津塘高速公路建设中,全面推行工程监理制度。

从1987年12月23日正式开工,到1993年9月京津塘高速公路全面建成通车,用时5年9个月。京津塘高速公路使得先进的国际工程管理模式在中国大地上落地生根,为中国交通建设监理培育了一批高素质人才,锻造出一批符合国际标准的监理队伍。京津塘高速公路因此被业界誉为中国交通建设监理人才的"黄埔军校"。

西三、京津塘等公路工程项目的试点,为我国交通建设工程项目管理实施法人负责制、工程监理制、招标投标制、合同管理制"四项基本制度"提供了成功的范例。

1989年4月,交通部工程管理司印发的《公路工程施工监理暂行办法》指出:"公路工程施工监理制度是公路建设管理体制改革的重要内容,是提高投资效益和施工管理水平的有效措施。"

1992年5月,交通部发布《公路工程施工监理办法》,主要明确了监理组织、职责与权限,对施工的工程合同、质量、工期、造价等进行全面的监督与管理。1995年4月行业标准《公路工程施工监理规范》的发布,提供了开展工程监理的基本工作规范依据。

1997年7月,《中华人民共和国公路法》颁布,其中第二十三条规定"公路建设项目应当按照国家有关规定实行法人负责制度、招标投标制度和工程监理制度"。1997年11月,《中华人民共和国建筑法》颁布,其中第三十条规定"国家推行建筑工程监理制度",在国家法律层面正式确立了工程监理制度,统一了工程监理的属性定位、工作依据、主要内容以及强制监理的要求。

2000年1月,国务院发布《建设工程质量管理条例》,明确了必须实行监理的建设工程范围,规定了工程监理单位的质量责任和义务。2003年11月,国务院发布《建设工程安全生产管理条例》,规定了工程监理单位的安全责任。

多年来,伴随着公路建设特别是高速公路和农村公路的跨越式发展,工程监理为推动项目管理向专业化、社会化、现代化模式转变,为保障公路建设持续快速发展、保证工程质量安全发挥了重要作用,并取得良好经济效益和社会效益。在举世瞩目的大桥、隧道工程,在绵延起伏的高速公路现场,在偏远僻静的乡村公路工地,监理人都留下了一串串光辉的足迹。

二、水运工程监理工程师职业的发展

20世纪80年代,应国际金融机构的要求,我国决定在交通和能源行业进行工程建设监理试点,最有突破意义的就是鲁布革水电站的引水工程、天津东突堤工程等，这些水运工程在工期、投资和质量控制上都取得了很好的成效。

1986年以后，水运工程建设领域相继争取到一批世界银行、亚洲开发银行、日本协力基金等国际金融机构贷款的港口工程建设项目。作为贷款的附加条件，要由这些金融机构认可的"工程师"参与项目的管理。

交通部是国家试点推行工程监理制度最早的部门之一。1986年11月，天津港东突堤工程开工，这是国内使用世界银行贷款、实行土木工程国际招标并按FIDIC(国际咨询工程师联合会)条款实行施工监理的第一个港口工程项目，该工程实行工程监理，工程质量明显提高，主要工程均达到了优良标准。各项工程的工期也比合同工期有所提前，工程费用都能控制在合同价款之内。东突堤工程明确了项目单位的经济法人地位，严格按照FIDIC要求进行了工程国际招投标，并严格按照FIDIC工程监理标准进行了工程管理，成为第一项按照FIDIC条款取得成功的水运工程。

天津港东突堤工程的监理实践，培养和锻炼了我国自己的水运工程监理人员队伍，对建立、推行水运工程监理制度进行了有益的探索，随后水运工程监理试点工作在大连港大窑湾港区、黄埔港新沙港区、宁波港北仑港区、厦门港东渡港区、大源渡航电枢纽等水运工程项目建设中陆续展开。

到1991年，交通部许多水运建设项目实行了工程监理。在水运工程实行监理试点的同时，监理法规的建设和监理行业管理体系逐步完善，交通主管部门先后制定和发布了一系列水运工程监理的规章制度。

《公路、水运工程监理单位监理资格审批暂行规定》(1990年)、《公路、水运工程监理工程师注册办法》(1992年)、《水运工程施工监理规定(试行)》(1994年)、《公路、水运工程监理工程师资质管理办法》(1996年)、《水运工程建设市场管理办法》(1997年)、《水运工程施工监理规范》(2000年)、《水运工程质量监督规定》(2000年)、《水运工程施工监理招标投标管理办法》(2002年)、《公路、水运工程监理工程师资格考试工作暂行规定》(2004年)等法规相继出台。这些监理法规的颁布与实施，加强和完善了我国水运工程监理制度建设，规范和推动了水运工程监理事业的开展。

这一时期，我国交通运输工程的监理市场已成型，工程监理制的执行正朝规范化方向发展，长江口深水航道一期工程的出色监理，就是这一时期的代表。该工程于1998年1月27日正式开工，2000年6月30日通过交通部竣工验收。工程带给监理人员的，不仅是技术上的难度，更是监理分散于100多公里江面上诸多施工点的难度，监理人员排除万难，保证了优异的工程质量。该工程荣获第四届詹天佑土木工程奖和国家优质工程金质奖，成为世界上治理巨型河口航道工程的样板。

目前,我国水运工程监理队伍已具备一定规模,水运工程监理单位的资质及数量已基本满足现行水运行业建设规模要求。监理队伍的执业水平明显提高,受监工程已覆盖所有新开工建设的大中型和重点的小型水运工程项目,有效提升了水运工程建设项目的工程质量和管理水平。

第四节　我国监理工程师与国际工程咨询师的差异

我国的监理工程师在国际上通常是指工程咨询师,相比较而言,中国的监理工程师与国际工程咨询师既有联系又有区别。

一、我国监理工程师的职业特点

我国监理工程师(Supervision engineer)是指经全国统一考试合格,取得监理工程师资格证书并经注册登记的工程建设监理人员。监理工程师代表业主监控工程质量、工程进度、投资以及施工的合同管理、安全管理、组织与协调,是业主和承包商之间的桥梁。

1. 公路工程监理工程师的特点

按照现行《公路工程施工监理规范》要求,公路工程监理应实行总监理工程师(以下简称"总监")负责制。监理机构中监理人员是由总监、监理工程师、试验检测人员和必要的监理员等组成。监理机构应依法按照合同约定的职责和权限,代表建设单位对公路工程施工质量、安全、环保、费用和进度等实施监理。

总监是指具备公路工程监理工程师资格,负责全面履行项目监理职责的管理者。

监理工程师是指具备公路工程监理工程师资格,从事项目管理工作的人员。

驻地监理工程师是指具备公路工程监理工程师资格,经总监授权、负责履行驻地办监理职责的管理者。

监理人员是指从事项目监理工作的专业技术人员。

监理单位按照监理合同的约定成立监理机构,任命并授权总监全权实施监理合同约定的全部责任与义务。建设单位按照合同约定,在监理单位提交任命文件后,出具授权书,授权总监代表建设单位(业主)全面负责合同约定范围内的监理工作。总监在施工现场组建监理机构,领导监理机构依法代表建设单位对公路工程施工质量、安全、环保、费用和进度等实施监理,履行监理合同约定的全部责任与义务。

2. 水运工程监理工程师的特点

按照现行《水运工程施工监理规范》要求,水运工程施工监理是指监理单位根据国家法律、法规和监理合同的要求,依据工程技术标准、设计文件和合同文件等,遵照一定的准则,并采取相应的措施,从施工招标期到交工验收及保修期的整个施工阶段,对水运工程建设的质量、进度、费用进行控制,对合同和信息进行管理并协调有关参建各方关系。

监理工程师是取得监理工程师或专业监理工程师资格并承担工程项目监理工作的工程师。

总监是指获得监理工程师资格,由监理单位任命并经业主认可,负责大、中型工程项目全部监理工作的高级工程师和负责小型工程项目全部监理工作的工程师或高级工程师。

总监代表是指由总监授权,代表其对工程项目实施监理的监理工程师。

大、中型工程项目总监和总监代表须由高级工程师或高级经济师担任,专业监理工程师须由工程师或经济师担任,上述人员均须是交通运输部批准注册的水运工程监理工程师或专项监理工程师。

除此之外,专业监理工程师负责工程项目中某个专业监理工作,监理员则是辅助施工现场监理并具备相应专业技能,须经过岗前监理业务培训。旁站监理工程师(或监理员)对工程的重要环节和关键部位实施全过程的现场监查,巡视监理工程师则对施工现场或关键程序进行经常性的检查活动。旁站和巡视也须是监理工程师的工作。

二、国际咨询工程师的职业特点

国际工程咨询具有以下五大特征:

一是咨询业务不按工程实施阶段进行分割。一般是由工程的前期策划开始直到工程验收以及后评价,业主会根据项目特点选择合适的咨询公司参与阶段性或者全过程工程咨询。

随着项目规模的增大,技术复杂程度的上升,项目参与主体的增多,以及项目管理越来越精细化,全过程工程咨询业务逐渐在市场竞争中自发形成。从事全过程工程咨询的服务机构往往通过兼并重组等方式,拓展业务范围,延长产业链,满足客户多样化的需求。一些技术实力雄厚的公司逐渐转型为国际工程公司,既可以为客户提供工程咨询、工程项目管理,也可以做设计、采购、施工等项目管理承包。

二是市场化程度高。在国外,政府对咨询市场的管理主要通过行业协会,是一种自律性的管理方式,因此,行业协会在行业中具有很高的威望。比如,国际咨询工程师联合会(FIDIC),以及美国建筑师联合会(AIA)等等,都是非常典型的例子。这些行业协会代表的是咨询机构和咨询者个人的利益,负责与政府或者相关团体联系,协会可以把政府的法律法规、政策变成具体的制度、方法和标准。

在市场准入方面,国外对企业的准入不设置门槛,主要是对个人执业的管理。比如,在美国,工程咨询师可以由建筑师、土木工程师和有注册执照的营造商担任,也可以是注册的咨询工程师,但是都必须有注册执业资格。

在取费标准方面,国外通过制定条例等方式形成一定的取费标准,服务范围也涵盖了项目的全过程。例如德国的咨询工程师对项目管理的取费主要依据《建筑师和工程师咨询服务收费条例》(HOAI),该条例由建筑师和工程师协会制定,并经过政府认可。HOAI只对基本任务的收费标准做了规定,其他专项任务主要根据业主的委托由双方协定。

国际工程咨询费一般为工程总造价的1%~5%,韩国为工程总价的2%~5%,日本称之为设计监理费,为工程总价的2.3%~4.5%,东南亚多数国家为工程总价的1%~3%。

三是业主充分授权。在发达的市场经济国家,咨询工程师与业主是委托和被委托方的合同关系,咨询(监理)工程师职责清晰。不同的阶段咨询(监理)工程师承担的职责是有区别的,他们认为咨询工程师是业主聘来管理工程的,代表的是业主利益,对业主勤勉、尽责、忠诚是他们的职责。

国外的咨询工程师制度把施工阶段咨询工程师的工作界定为"鉴别、办理",即:咨询工程师是业主请来鉴别施工方提供的建材和建筑产品是否合格,其行为和产品是否符合法规及惯例,是否符合设计,是否符合合同约定。咨询工程师负责办理各种签证,包括合格签证、设计变更许可签证、工期变更许可签证、材料代用许可签证、工程款额调整签证及工程款支付签证等是否及时有效。对于咨询工程师来讲,他只关心工程实体及材料。近年来,国外的咨询工程师通过网络进行施工管理的,其鉴别的主要依据是承包商提供的各种检测、检验报告,以此来提高管理效率。

四是人员素质高。发达国家的监理行业(咨询业)都对咨询(监理)人员的职业行为制定了道德规范和准则,其核心内容强调了"正直、公平、诚信、服务"。欧美国家的监理工程师,都是按严格的程序认定的,一般经过专业学习(3~5年)、实习(3年以上)考试、面试答辩、工程实践、颁发证书等阶段。取得相应执业资格证书后,每3~5年都要由专门机构组织培训。法国对其资质要求更高,监理工程师要精通法律,善于管理,能进行技术经济分析,有技术专长,具备施工安装等各种专业知识。监理公司高技术职称人员所占的比例一般在40%以上。

五是强制性工程担保与保险。在发达国家,工程监理行业被列为高风险行业。凡涉及工程建设活动的所有单位,包括业主、工程师、承包商、设计单位、质检公司等,均须向担保与保险公司进行强制性投保。在法国,保险费率约为工程总造价的1.54%。为规避风险,在投标竞争时,将职业责任保险制度纳入强制性保险范围,没有投保职业责任保险的专业人员或单位将被淘汰。监理工程师从业由于工作失职、工作技能的局限、技术资源的缺乏等原因给业主和承包商造成的损失,保险公司负责赔偿。

三、我国的监理工程师与国外工程咨询师的对比

我国的监理制度实行之初,仿效的是FIDIC条款。随着中国建设监理工作的深入,监理制度逐渐与中国经济发展相融合,形成了具有中国本土特色的制度和行业规范。在涉及国际合作或者采用国际咨询标准的工程中,我国依然采用FIDIC条款。随着我国交通运输工程监理企业"走出去"的需求日趋加大,我国的监理工程师获得国际咨询工程师执业资格的认证也逐渐被重视。截至2016年11月28日,我国已有512名咨询工程师获得认证,成为全球首批FIDIC认证咨询工程师,标志着我国工程咨询业正在加快与国际接轨。

我国工程监理制度与FIDIC咨询工程师制度,无论是实施环境、权利、地位与作用等方面,二者都有不小的差别。

一是两者的定位不同。FIDIC合同条件中的咨询工程师是基于个人定位的,由于英美国家在建筑市场上实行个人市场准入管理,因而其条款以咨询工程师个人为针对对象,而中国的建筑市场由于历史与社会的沿革决定了是以企业为主体,因而其针对对象为监理单位。前者的好处在于责任到人,易于管理,且责任明确,同时业主通过专业弥偿保险(Professional Indemnity Insurance)来防范由于专业失职等带来的风险。而后者的企业责任仍然是基础,由企业承担包括赔偿等最基本的民事责任,由于目前我国大多数监理单位仍然是国有经济,达不到分散风险的目的。

二是两者实际管控的范围不同。FIDIC合同中的咨询工程师讲求的是全过程的参与,这种参与在业主立项之前就已经开始咨询服务,立项后的投资、设计、招投标、采购、施工、安装、调试、验收各个阶段都有监理工程师的参与;而在我国,监理制度出台的初衷是做到"三控、二管、一协调",监理的"三控"即投资、进度、质量管理,实际操作中绝大多数监理单位以"质量监理为主",投资控制基本上由监理单位配合建设单位实施,很少有项目授权监理实行"三控制",也没有给予足够的全过程监理的费用。

同时由于我国多数项目委托不同的单位进行设计和施工,设计不管施工,施工也不管设计只管照图施工,因此很少项目能做到监理的全过程参与。目前,我国绝大部分工程监理单位从事的都是施工阶段的监理。

三是两者产生的法律体系不同。FIDIC合同脱胎于ICE(英国土木工程师协会)合同,其法律体制背景是英美的案例法系,或称英美法系。而我国实行的是成文法系,或称大陆法系。虽然有少数新近制定的法律如《中华人民共和国合同法》参考了英美法系,但根本的体制还是大陆法系。英美法系对经济发展的推动作用比较明显,而大陆法系则更多地从国家利益出发,不会特别注重考虑经济发展的方向。

在美国,监理起步早、规模大、社会化程度高,最早的伊伯森国际工程公司成立于1881年,至今已有142年的历史。由于国情不同,对监理公司的称呼和理解也不尽相同。我们称"监理公司",在实际工作中是施工过程的"监督"和"管理"。而美国则称为"工程咨询公司""顾问公司"或"管理公司"。"工程咨询公司"或"顾问公司"工作范围较广,管规划、设计和施工,而建设管理公司(CM公司)直接管理施工,比较接近我国的监理公司。

美国实行的是高技术、高智能、现代化的监理,他们不限于施工现场的控制,更注重在技术、方法、效益上的控制。监理工程师负责解释文件、合同、签发付款单,主抓工程进度,是全过程监理,偏重前期阶段,如可行性研究、规划、设计等。咨询公司所做的大多是策划性的工作,真正成为业主的参谋和顾问。顾问公司制作的各类工作图表,如工程进度图、工程施工管理图、工程总进度计划图、劳务用工总计划图、资金使用总计划图、管理人员使用总计划图等均相当完备。

美国的咨询(监理)工程师具有极高的权威,由他们签发的各种指令,如"开工令""停工令""付款令"等都具有法律效力。在工程竣工交付使用阶段,由监理工程师进行验收、结算、审核工程资料,并于工程竣工移交手续。并且,咨询(监理)工程师本身的素质也很高,不仅具有专业技术能力,而且也有丰富的实践经验。

综上所述,国际上的项目管理模式是由工程咨询单位派驻项目管理机构,实行全方位的项目管理,是名副其实的"代建制"管理,建设单位不参与项目的具体管理工作,只是监督项目的实施过程,工程咨询单位的派出机构才是真正的管理者,是把目前我国的建设单位和监理单位的职能融合到一起的管理模式,其服务费用要比我国的监理费用高很多。这就要求工程咨询单位的派出机构必须建立健全各种职能部门,所派驻的咨询(监理)工程师必须具备较多专业的职业技能、丰富的实践工作经验、较强的组织协调及沟通能力、良好的工作方法及语言表达能力,这样的复合型人才只有高薪才能聘请到,而目前我国的国情和建设领域的管理机制,导致监理费率不可能过高,某些环节也不可能取代。因此,这样的管理模式很难在我国实施。

第二章
交通运输工程监理工程师的工作内容

交通运输工程监理工程师是受建设单位委托,代表工程建设单位对管理工程质量、工程进度、投资以及合同管理、安全管理等进行监督的具体参与者和实施者,是建设单位和施工单位之间的桥梁,是保障交通运输安全发展的关键因素,其工作内容不仅关系到工程建设的安全与质量,更关系到人民群众生命财产安全和社会公共利益。

第一节 监理工程师执业范围

交通运输工程监理分为公路工程监理和水运工程监理两大类。

公路工程监理专业包括:道路与桥梁工程、隧道工程、交通工程、试验检测、公路机电、绿化等工程系列监理专业和工程经济与合同管理等经济系列监理专业。

水运工程监理专业包括:港口与航道工程、道路与堆场工程、房建工程、机电工程、港区铁路、试验检测等工程系列监理专业和工程经济与合同管理等经济系列监理专业。

监理工程师的执业范围可以包含工程监理、工程经济技术咨询、工程招标采购咨询、工程项目管理服务和国务院有关部门规定的其他业务。

取得资格证书的人员,由具有建设工程勘察、设计、施工、监理、招标代理、造价咨询等一项或多项资质的单位聘用,经登记后可以从事相应的执业活动。从事工程监理执业活动的,应当由具有工程监理资质的单位聘用并经登记后方可从事工程监理。

第二节　监理机构的岗位设置和监理工作基本制度

交通运输工程监理作为交通工程质量终身责任五方主体之一,在交通运输工程项目中发挥着重要作用。监理机构根据行业主管部门的相关规定确定岗位设置和监理工作基本制度。

一、公路监理机构的岗位设置

按照现行《公路工程施工监理规范》(JTG G10),监理是指公路工程监理机构及人员对公路工程施工质量、安全、环保、费用和进度等实施的监督管理及咨询服务活动。

监理机构中监理人员的数量和专业结构根据监理内容、监理工程项目规模、合同工期和施工阶段等因素,按保证有效监理的原则确定。

按照《公路水运工程监理企业资质管理规定》(交通运输部令2022年第12号),公路、水运工程监理企业资质均分为甲级、乙级和机电专项。公路工程监理企业资质的业务范围分为:

(1)甲级资质可在全国范围内从事一、二、三类公路工程的监理业务;
(2)乙级资质可在全国范围内从事二、三类公路工程的监理业务;
(3)机电专项资质可在全国范围内从事各类型公路机电工程的监理业务。

水运工程监理企业资质的业务范围分为:

(1)甲级资质可在全国范围内从事大、中、小型水运工程的监理业务;
(2)乙级资质可在全国范围内从事中、小型水运工程的监理业务;
(3)机电专项资质可在全国范围内从事各类型水运机电工程的监理业务。

监理单位在项目现场须设立履行监理职责的组织,一般包括总监办公室及驻地监理工程师办公室;现场监理机构各类专业技术人员配套合理,一般应包括路基路面、桥隧结构、材料试验、测量、工程地质、工程机械、工程计划、工程经济、合同管理等专业人员;配置材料及路基、路面、桥梁、隧道等工程相应试验仪器和检测设备,应具有建立工地试验室的条件。

公路工程施工监理中监理人员由总监、驻地监理工程师、监理组专业工程师(路、桥、隧)(分为监理工程师、监理员两级)、检测工程师(分为试验检测工程师和助理试验检测工程师两级)、测量工程师、合同管理、计量支付工程师、环保工程师、安全工程师、试验室主任等组成。

二、水运监理机构的岗位设置

水运工程监理单位须具有交通主管部门批准的相应的工程监理资格和工商行政部门颁发的营业执照,具有法人资格的独立法人。

大型水运工程项目的施工监理部,可由项目总监、总监代表、监理工程师、现场监理员(又称"旁站")、检测工程师(分为材料、结构与地基)和必要的行政、后勤管理人员组成。一般及小型项目可由总监、监理工程师、现场监理员和必要的行政及后勤管理人员组成。

监理单位承接建设单位委托的水运工程施工监理任务后,应按监理委托合同约定的受监工程的种类、规模、工期及现场条件,组建相应工程项目的施工监理机构,配备相应的人员和设备。

水运工程监理工程师分为监理工程师和专项监理工程师两类。专项监理工程师一般负责某一专业的工程监理。

总监和总监代表须由高级工程师或高级经济师担任,专项监理工程师须由相应专业的工程师或经济师担任,上述人员均须是交通运输部批准注册的水运工程监理工程师或专项监理工程师。现场监理员须有初级技术职称并经过岗前监理业务培训。

总监代表是由总监授权,代表其对工程项目实施监理的监理工程师。专业监理工程师是负责工程项目中某个专业监理工作的监理工程师。监理员是经过监理业务培训、辅助施工现场监理并具备相应专业技能的人员。旁站监理岗位人员负责对工程的重要环节或关键部位实施全过程的现场监察。巡视监理工程师岗位负责对施工现场或关键工序施工进行经常性的检查活动。

现场监理机构须对主要结构、构件和材料进行测试。大、中型工程项目的施工监理部,应在现场设立检测试验室,配备一定数量的仪器设备和相应的检测工程师。试验室负责人须有中级以上技术职称、应当具备检测工程师资格。仪器须定期请法定计量检定单位给予校验,保证其性能准确、可靠。

三、监理工作制度

监理工作制度是指企业为了维护单位的正常运作,规定员工日常工作行为规范,完善企业流程的一种规范准则。监理单位与工程项目监理机构为加强对驻地人员的管理,提高监理服务的质量,确保工程建设各项目标的实现,进一步提高工程监理服务水平,应制定工程项目监理工作制度。

监理工作制度包括开工报告审批制度、技术文件图纸审查制度、交底(技术、安全)制度、分包单位资质审查制度、施工组织设计(方案)审核制度、材料进场复验制度、构配件及设备进场复验制度、工作例会制度(第一次工地会议、工地例会、专题会议)、巡查制度、旁站制度、安全质量事故报告和处理制度、安全质量责任追究制度、监理日志和文档管理制度、工程变更处理制度、竣工验收制度、见证取样送检制度、工地日常检查制度、监理月报及工作报告制度、监理人员培训制度、信息化管理制度、监理廉政制度。

第三节 监理机构及各岗位监理工程师的主要工作内容

监理机构在不同阶段的主要工作内容是不同的,监理机构应按照监理合同约定和现行《公路工程施工监理规范》(JTG G10)、《水运工程施工监理规范》(JTS 252)要求,根据工程项目的具体情况、监理单位和施工环境的现实条件,做好各阶段的具体工作计划,做好监理工作的各项准备工作,为优质、高效完成监理任务奠定一个坚实的基础。

施工阶段是监理工作的重要阶段,监理机构应按照监理合同约定和现行《公路工程施工监理规范》(JTG G10)、现行《水运工程施工监理规范》(JTS 252)的要求,根据工程特点,逐项对工程建设项目在施工阶段监理的工作进行计划、细化、落实,保证工程建设安全、顺利、优质。

机电工程安装完工后,对设备通电进行参数设置、指标功能调试,各设备、系统指标达到合同技术规格书的要求后,调试工作完成,工程进入试运行期(一般时间为3~6个月)。机电工程各系统在试运行期,设备工作、系统运行稳定,试运行期结束后,机电工程可以接受交工验收申请,表示机电工程施工阶段结束。监理机构按照监理合同约定、现行《公路工程施工监理规范》(JTG G10)、现行《水运工程施工监理规范》(JTS 252)和建设单位的要求,全面完成监理工作任务,保证工程项目建设顺利通过交竣工验收。

一、总监主要工作内容

总监的主要工作内容包括:
(1)确定监理机构岗位职责及人员,建立工地试验室。
(2)主持编制监理计划,审批监理细则。
(3)主持召开第一次工地会议、监理交底会。

(4)审批施工组织设计及总体进度计划,审验主要原材料、混合料和构配件。

(5)签发工程开工令、支付证书、单位工程和合同段的停工令及复工令。

(6)组织检查施工单位质量、安全和环保等管理体系的建立及运行情况。

(7)审查交工验收申请,评定工程质量,参加交、竣工验收。

(8)审核工程分包、工程变更、工程延期和费用索赔等。

(9)参与或配合工程质量、安全事故的调查和处理。

(10)组织编写监理月报和监理工作报告,编制监理竣工资料。

(11)提供建设单位委托的其他工程管理咨询服务。

(12)对现场进行巡视检查,掌握工程实施及现场监理工作情况,及时发布监理指令。

(13)根据合同授权签发缺陷责任期终止证书。

(14)信息管理。

二、驻地监理工程师主要工作内容

驻地监理工程师的主要工作内容包括:

(1)根据招标文件、监理合同文件、工程设计文件、施工合同文件,结合工程现场实际情况,根据监理规划落实监理工作的进程,将驻地监理工程师履行的主要职责细化,编写项目监理实施细则。

(2)检查本驻地办监理工程师和监理人员的工作情况,对不符要求的督促相关人员予以改正。

(3)按照总监的授权,对本合同段的工程质量、计量支付、工程进度及合同管理等进行监理服务;解释和修正合同文件中的疑问和错误,复核设计文件。

(4)施工前参与由勘测设计单位负责的对控制性桩点进行现场交桩;审核承包人的总体施工布置、施工组织设计、各单项工程的施工计划,施工方案和施工工艺,审批承包人单项工程开工申请和施工图;审批承包人材料来源,检验进场材料;批准或否决承包人的施工设备;审查承包人的分包工程申请,提出审查意见,上报总监办和业主批准。

(5)参加第一次工地会议,召开工地例会。

(6)检查核实承包人的工程计量和支付证书,在隐蔽工程覆盖之前,完成对已完工工程的检验和计量;检查和评价工程质量,搞好对工程质量的检测评定记录。依据合同文件向承包人发出指令或指示承包人返工或暂时中断工程施工。

(7)控制和评价工程进度;根据授权处理工程变更,并及时向总监办或业主提供一切相关资料;尽可能地防止索赔,对发生的索赔、工期延误、争端等问题应及时上报,并提出处理建议;监督承包人的施工管理和施工安全。编写监理月报和总监办所要求的其他报表;负责本合同段的资料档案管理,并分类归档和妥善保管;负责检查工程质量,督促承包人对不符合要求的工程进行修复完善;审批主要原材料和混合料。

(8)根据建设单位的具体需求,及时、高质量地完成建设单位委托的其他工程管理咨询服务。组织监理人员对验收项目进行质量检查,参与工程项目的竣工验收。主持整理工程项目的监理资料。

三、质量监理工程师主要工作内容

在公路水运领域,工程质量的重要性不言而喻,质量控制是监理工作的重要一环,质量控制由各个专业负责质量监理的专业工程师实施,主要工作内容包括:

(1)编制本专业的监理实施细则。

(2)负责本专业监理工作的具体实施组织,指导、检查和监督本专业监理员的工作,当人员需调整时,向总监提出建议。

(3)审查承包商提交的涉及本专业的计划、方案、申请、变更,并向总监提出报告。

(4)负责本专业分项工程验收及隐蔽工程验收。定期向总监提交本专业监理工作实施情况报告,对重大问题及时向总监汇报和请示。

(5)根据本专业监理工作实施情况作好监理日记。

(6)负责本专业监理资料的收集、汇总及整理,参与编写监理月报。核查进场材料、设备、构配件的原始凭证、检测报告等质量证明文件及其质量情况,根据要求对进场材料、设备、构配件进行平行检验,合格时予以签认。负责本专业的工程计量工作,审核工程计量的数据和原始凭证。

在公路工程方面按照不同的专业,质量监理工程师可以划分为路基监理工程师、路面监理工程师、桥梁监理工程师、结构监理工程师、隧道监理工程师、机电监理工程师、交通安全设施监理工程师、测量监理工程师、试验检测监理工程师、绿化监理工程师和环保水保监理工程师等岗位,监理工程师均须具有交通运输部公路工程专业监理工程师资格。而房建监理工程师应具有国家注册监理工程师房屋建筑工程专业资格。

在水运工程方面按照不同的专业,质量监理工程师可以划分为水工结构监理工程师、陆域形成与软基处理监理工程师、道路与堆场监理工程师、疏浚监理工程师、整治建筑物监理工程师、通航建筑物监理工程师、导助航设施监理工程师等岗位,监理工程师均须具有交通运输部水运工程专业监理工程师资格。

四、安全监理工程师主要工作内容

安全监理工程师的工作主要是贯彻法律法规和工程建设强制性标准,对施工单位施工安全生产情况进行全过程、全方位的监督管理,工作内容主要包括:

(1)在总监领导下,负责各专业工程的施工安全、环保监理工作。

(2)在分部、分项工程开工前,重点审查施工单位编制的分部、分项工程的专项施工方案、安全保证体系、安全技术措施。

(3)检查施工人员安全生产教育培训情况,特种作业人员配备的数量及安全资格培训、持证上岗情况和机械设备、施工机具及配件的安全性能检测情况,审查合格后同意该分项、分部工程开工。

(4)审查分包合同中是否明确施工单位与分包单位各自在安全生产方面的权利、义务。

(5)在巡视过程中检查施工单位安全保障体系的运转情况。

(6)检查中发现安全事故隐患,立即书面指令施工单位整改;情况严重的,报总监,要求施工单位暂停施工。

(7)分项、分部交工验收时,安全事故处理未结束的,建议暂不签发中间交工证书。

(8)参加安全事故的报告、调查等工作。

(9)定期召开安全专题会议,参加驻地办、施工单位的安全专题会议等有关安全宣传活动。

(10)施工中发现文物,监理工程师应发出监理指令要求施工单位保护现场,立即报告当地文物保护部门,并及时报告业主。

五、环保监理工程师主要工作内容

按照现行《水运工程施工环境监理规范》(JTS 252-1)要求,施工环境监理阶段应包括施工准备期、施工期、交工验收、竣工验收;环境监理的工作范围应包括工程施工区域和工程环境影响区域,环保监理工程师的工作内容包括:

(1)审批施工单位施工组织设计中的环境保护专章或专项环境保护实施方案,审查施工单位的环境管理体系,评估体系运行的有效性。

(2)编制监理规划中的环境保护篇章,编制环境监理实施细则。

(3)根据合同要求进行工程全过程、全方位环境保护监理,确保环境保护目标的实现。

(4)定期向建设单位报告环境监理工作的情况。

(5)协助环境污染事故调查处理。

(6)编写环境监理工作总结报告。

(7)参与竣工环境保护验收工作等。

施工期环境监理工作应包括下列主要内容:

(1)审查施工组织设计、专项施工方案或变更施工方案中的环境保护措施,并要求施工单位向环境监理机构进行环保措施报审。

(2)对施工现场环境保护措施的实施情况进行巡视或旁站,检查环境保护措施的执行情况和成效。

(3)检查施工单位的环境保护工作记录。

(4)向施工单位发出环境保护监理指令。

(5)组织召开与环境保护有关的会议。

(6)对环境保护措施的实施情况及监理情况进行连续记录。

(7)协助环保主管部门和建设单位处理突发环保事件。

环保监理工程师工作内容除按照法律法规督促检查施工单位环保措施落实情况外,还包括施工过程中应监督检查施工单位职业危害的防护措施是否健全,环境保护教育培训是否到位;监督检查施工现场的布设是否符合相关环保要求,预制厂、拌和站的布设是否符合环境保护要求,是否采取必要的降噪措施;对施工单位材料堆放设置环境的合理性进行检查并采取措施减少运输漏洒情况;检查施工废水、渣土、生活污水、垃圾的处理是否合理;检查施工单位是否按照指定的取弃土场取弃土,取弃土后是否采取了有效的排水防护和植被恢复措施等内容。

六、合同管理监理工程师主要工作内容

合同管理监理工程师的主要工作内容是:协助总监或驻地监理工程师处理有关工程变更、工程延期、工程费用索赔、价格调整与计日工、违约、分包、争端协调、仲裁与诉讼等合同管理方面事宜。合同管理监理工程师应具有交通运输部公路工程专业监理工程师资格。

合同管理监理工程师负责审查和办理本监理合同段的工程洽商和设计变更。全面熟悉承包合同文件,在监理组计量监理工程师配合下,按照承包合同文件和计量支付工作程序,准确及时地做好计量支付工作。深入现场,掌握工

程完成情况,配合监理组计量监理工程师做到计量准确。建立各种台账,包括计量台账、合同内支付台账、合同外支付台账。

七、监理员主要工作内容

监理员要对监理工程师负责,按合同文件的要求协助专业监理工程师做好现场监理工作,特别是规范规定的隐蔽工程与重点工程等的旁站监理,应经过教育与培训、具有监理上岗资格,工作内容包括:

(1)在监理过程中,不论是巡视、旁站还是抽检,发现施工存在质量问题或安全事故隐患的,或者不符合施工技术规范及合同要求的各种行为,监理员应发出要求施工单位整改的指令、通知。

(2)施工单位整改完成后,需经监理工程师检验,对检验合格的,监理员要及时签认。

(3)施工单位未整改或整改不合格的不得进行下一道工序施工,监理员不得进行计量支付。

(4)施工单位拒不整改的,监理员应及时向建设单位或监管部门报告。

在专业监理工程师的指导下开展现场监理工作。检查承包单位投入工程项目的人力、材料、主要设备及其使用、运行状况,并做好检查记录。复核或从施工现场直接获取工程计量的有关数据并签署原始凭证。按设计图纸及有关标准,对承包商的工艺过程或施工工序质量检查结果进行记录担任旁站工作,发现问题及时指出并向专业监理工程师报告,做好监理日记和有关的监理记录。

第三章
交通运输工程监理工程师的职业技能

交通运输工程监理工程师要完成对工程施工质量、安全、环保、费用和进度等实施的监督管理及咨询服务活动,应当具有较高的理论水平和实践能力,需要具备执业的多项基础技能,如目标控制、现场调查、专题论证等,还需具备各项专业技能,如试验检测、监控检测、计算分析、信息化等。监理工程师只有技能全面,不断跟进新技术、新设备、新材料、新工艺的发展,持续保持较高的知识水准,才能保证在监理工作中正确分析和解决问题,成为一专多能的复合型人才。

第一节 目标控制

工程项目管理目标就是要在一定时段及费用的限制条件下完成满足一定质量要求的工程。构成工程项目管理的绩效目标有进度、质量、费用和安全与环境。

工程监理工作的核心就是进行目标控制。目标控制的关键是人才,把目标作为导向,以人为中心,以成果为标准,使组织和个人取得最佳业绩是目标管理的要求。《中共中央 国务院关于开展质量提升行动的指导意见》(中发〔2017〕24号)提出了"建设平安百年品质工程"总目标,《公路水运工程平安工地建设管理办法》(交安监发〔2018〕43号)为平安工地建设在提高安全意识、加强责任落实、减少生产安全事故、提升管理水平等方面发挥了重要作用。在推进交通强国工程中,监理单位和监理工程师要把"建设平安百年品质工程""建设平安工地"作为开展监理工作的总目标。监理工作的总目标可以分解为工程质量控制目标、安全生产管理工作目标、环境保护监理工作目标、进度控制目标和费用控制目标五大目标。

(1)工程质量目标。工程要严格按照建设工程项目施工合同、技术规范及经批准的设计文件施工,按照工程建设标准强制性条文、工程质量检验评定标准的要求逐级进行检查评定,分部工程、单位工程、合同段的具体评分应达到预定目标,以确保建设项目竣工总体工程质量达到约定目标。

(2)工程安全目标。施工安全生产应贯彻"安全第一、预防为主、综合治理"的方针,严格贯彻执行《中华人民共和国安全生产法》《建设工程安全生产管理条例》《公路工程施工安全技术规范》(JTG F9—2015)《水运工程施工安全防护技术规范》(JTS 205—2008)《公路水运工程安全生产监督管理办法》等,坚持"以人为本"的观念,在监理工作中始终把安全放在第一位。要完善管理体系,明确施工安全事故控制指标(事故负伤率及各类安全生产事故发生率)、安全生产隐患治理目标、安全生产、文明施工管理目标。要把实现一般责任事故及一般责任以上事故为"零"作为安全监理目标。

(3)工程环保目标。严格控制建设期间的环境污染和生态破坏,保持生态环境和谐自然。对驻地、场站、便道设置和使用,"三废"(废水、废气、固体废弃物)的处置,取弃土场作业防止水土流失,保护文物,保护环境等设有明确的具体目标。

(4)工程费用目标。依照合同文件,认真审查施工单位提交的资金使用计划,以工程量清单为总控,认真核实工程数量;按合同约定进行计量,签发支付证书;保证签证的各项工程质量合格、手续齐全、数量准确、符合安全环保要求。严格审查设计变更的经济性、合理性,切实有效地控制工程投资。

(5)工程进度目标。根据监理合同和施工合同,在保证工程质量和安全的基础上,监督施工单位进度计划控制;检查工程总进度计划、年度和月度施工进度计划的执行情况,按月及时进行计划进度与实际进度的比较分析、评价,随时掌握施工现场人员、机械状况,进行动态控制,出现偏差时及时指令施工单位按施工合同要求调整,调整措施不能满足监理要求时,及时向建设单位进行书面报告,确保按照施工合同要求的工期完成合同约定的所有内容。

除五大目标外还有廉洁目标。通过加强廉洁教育,完善廉洁制度,强化廉洁监管;实现无廉政建设问题,项目各方没有对监理的廉洁投诉等目标。

第二节 现场调查

工程建设需要进行工程的现场调查。以公路工程为例,需要调查气象、水文、地质、地形条件等工程环境方面情况,调查施工所用道路、原材料料源等施工环境,了解建设单位、设计单位相关工程设计、建设要求等。

测量工作是现场调查和工程的起点。公路路线的平纵横指标和桥隧、路基、路面等的几何尺寸是否符合标准,工程量的收方计量是否符合实际情况,这些必须经过测量、调查、验收。施工准备阶段,对承包商的施工定线进行检查验收;对业主提供的或图样上的原始定线资料进行复核。

监理应要求承包商对全部或开工段落的原始地面线进行实际测定,并对测定工作进行检查验收,以作为路基横断面施工和土石方工程计量的依据。因此,测量是进行监理工作的重要保证之一。

一、掌握各类测量技术

(一)基本测量方法

1. 水准测量

水准测量是用水准仪和水准尺测定地面上两点间高差的方法。当两点距离较远或高差较大或遇障碍,不能在一个测站完成时,应按连续设站的水准路线进行。水准测量中,已知高程的地面固定点称为水准点;中间起传递高程作用的点称为转点。水准路线的布置形式一般有如下三种。

(1)闭合水准路线:从一个水准点出发,沿线测量各待定点,最后又回到原来的水准点上。

(2)附合水准路线:从一个水准点出发,沿线测量各待定点,最后闭合到另一个水准点上。

(3)支水准路线:从一个水准点出发,沿线测量待定点(不得超过两点),应进行往返观测。

2. 角度测量

角度测量包括水平角观测和竖直角观测。其中,水平角观测包括测回法和方向观测法。工程测量中,水平角是指测站点至两观测目标点分别连线在水平面上投影后的夹角,竖直角是指同一竖直面内的视线方向与水平方向的夹角。当视线水平时,竖直度盘读数为90°的整数倍。竖直角观测只要照准目标并读取竖盘读数,即可计算出竖直角。

(二)GPS定位测量的概念及主要特点

GPS系统确定地面点位的思路是:根据空中卫星发射的信号,确定空间卫星的轨道参数,计算出锁定的卫星在空间的瞬时坐标,然后将卫星看作为分布于空间的已知点,利用GPS地面接收机,接收从某几颗(4颗或4颗以上)卫星在空间运行轨道上同一瞬时发出的超高频无线电信号,再经过系统的处理,获得地面点至这几颗卫星的空间距离,用空间后方距离交会的方法,求得地面点的空间位置。

由于空间卫星的时钟与地面接收机的时钟不可能同步,因此,需要观测4颗或4颗以上的卫星,才能确定4个变量的值,即x、y、z和时间t。GPS系统采用高轨测距体制,以观测站至GPS卫星之间的距离作为基本观测量。为了获得距离观测量,主要采用两种方法:

其一是伪距测量,即根据接收机接收到的GPS卫星发射的测距A/C码和电文内容,通过信号从发射到到达用户接收机的传播时间,计算出卫星和接收机天线间的距离。但由于GPS卫星时钟与用户接收机时钟难以保持严格的同步,存在时钟差,所以观测的卫星与接收机天线间的距离均含有受到卫星钟与用户接收机钟同步差的影响,并不是真实值,因此习惯上称所测距离为"伪距"。

其二是载波相位测量,即测定GPS卫星载波信号在传播路径上的相位变化值,以确定信号传播距离的方法。采用伪距观测量定位速度最快,而采用载波相位观测量定位精度最高。通过对4颗或4颗以上的卫星同时进行伪距或相位的测量,即可推算出接收机的三维位置。

按定位方式,GPS定位分为绝对定位(单点定位)和相对定位(差分定位)。按待定点相对于地固坐标系的运动状态来区分,GPS定位可以分为静态定位和动态定位。

(三)陆上地形测绘

地形图是表示地物和地貌的平面位置和高程的图像。地形测绘是在已知控制点上设站,用测量仪器及工具测定控制点的平面位置和高程,并按图式规定的符号将各种地物、地貌比例缩小成地形图的工作。地形图的测绘应遵循"从整体到局部、先控制后碎部、由高级到低级"的原则,先根据测图的目的及测区的具体情况建立平面及高程控制网,然后根据控制网在控制点上安置仪器进行地物和地貌的碎部测量。

1. 地形图测绘

(1)实测地形图可选用测记法或测绘法。采用测记法时应绘制草图,并对各种地物、地貌特征赋予唯一代码。

(2)距离测量可采用视距法或光电测距法。

(3)地形图测量时,仪器对中误差应根据标定方向确定合适的误差。

(4)当采用 GPS-RTK 法测量时,流动站至基准站的距离应小于 10km,在作业区间内,至少应检核 1 个高级控制点,其他要求可参照有关规定执行。

(5)高程注记点的分布应力求均匀。

(6)基本等高距为 0.5m 时,高程注记点应注至 0.01m。

(7)地形图应标示建筑物、独立地物、水系及水工设施、管线、交通设施、境界、植被等各类地物、地貌要素以及各类控制点、地理名称等。地物、地貌各项要素的标示方法和取舍原则应符合国家测绘局制定的现行图式的规定,还应充分考虑自身工程的专业特点,满足设计及施工对于地形图的要求。

2.地形图数字化

地物标识、地貌属性等的特征代码设计应与图示编号一致,并具有实用性、通用性、可扩性;地形图数据应进行分层。

(四)路基路面、桥梁、隧道、航道测量的控制测量和测量放样

1.路基路面施工测量

(1)边桩坐标的计算。

(2)边桩放样。边桩放样是在中桩的基础上进行的,边桩的位置由两侧边桩至中桩的距离来确定,常用的边桩测设方法有图解法和解析法。

(3)路基填筑过程中桩位恢复。路基是分层填筑(或开挖)而成的,由于路堤分层填筑时,按照边坡坡度的要求,路基宽度不断发生变化,所以必须控制每层的路基宽度。要控制每层的填筑宽度就必须恢复所在层位的路基中桩、侧桩和边桩的控制桩位。

2.桥梁测量

按照从整体到局部,从控制到碎部的原则,桥梁施工测量包括控制测量和施工放样两部分。控制测量包括平面控制测量和高程控制测量;施工放样包括桥轴线、桥墩台与基础以及高程放样等工作。

(1)平面控制。桥梁平面控制的主要任务是建立桥位控制网,目的是按规定精度要求求出桥轴线的长度和放样墩台的位置。建立桥位控制网的方法有三角网(测角网)、测边网和边角网。

(2)高程控制。桥位的高程控制,一般是在路线基平测量时建立。当路线跨越水面宽度为 150~300m 时,两岸水准点的高程应采用跨河水准测量的方法建立;当路线跨越水面宽度大于 300m 时,必须参照现行《国家一、二等水准测量规范》(GB/T 12897)、《国家三、四等水准测量规范》(GB/T 12898)采用精密水

准仪观测。桥梁在施工过程中,还必须加设施工水准点,确保其精度。

(3)桥梁平面位置放样。桥梁平面位置放样主要是计算桥轴线中点、端点坐标,以及桥墩、桥台各角点的坐标,然后对各放样点进行实地定位。

(4)桥梁高程放样。桥梁高程放样的主要任务包括基础、桥台、墩身、台帽等部分高程的施工放样。桥台、墩身、台帽等部分如果为水泥混凝土浇筑,可用水准仪视线高法将各部分顶面的设计高程放样到模板内侧面。

3. 隧道测量

隧道测量分为洞外控制测量和洞内控制测量。控制测量的目的是建立洞内外的控制网,保证隧道工程的掘进中,施工中线在贯通面上的横向及高程能满足贯通精度的要求,并符合路面及纵断面的技术标准。

(1)洞外控制测量的主要内容:对洞外中线方向以及长度和水准点的高程进行复核,设置各开挖洞口的引测投点;测定相向开挖洞口的各控制点的相对位置。洞外平面控制测量的方法有:敷设中线法、精密导线法和三角锁法。洞外高程控制测量应与路线水准点采用统一高程。每个洞口附近埋设的水准点不应少于两个,两个水准点之间的高差,以安置一次仪器即可联测为宜。水准点的埋设位置应尽可能选在能避开施工干扰、稳定坚实的地方。

(2)洞内控制测量的内容:依据经校核过的隧道洞口的投点,将其引伸入洞。其中,洞内导线布设的形式有:单导线、主副导线环、导线网。洞内高程控制测量的目的是将洞口水准点高程引测到洞内,建立一个与洞外统一的高程系统,作为隧道施工放样的依据,以确保隧道在竖向正确贯通。

(3)隧道施工测量包括:洞门施工测量、洞内中线测量、腰线测量等内容。

4. 航道测量

航道测量是指对通航水域进行的测绘工作。包括通航河道全部河床范围内的水下、水上地形与地物和两岸范围内的地物标志测量、水流观测、地磁偏差测量、航行障碍物及限航物的测量以及资料整理和航道图绘制等工作。航道测量一般分为控制测量、地形测量、跨河桥梁管线测量、重要构筑物调查、示位标测量、水文测验等内容。

二、熟悉地质勘探和预报技术

目前,我国隧道施工期地质超前预报主要采用超前平行导坑法、地质法、地球物理探测方法[TSP(隧道地震波法)、VSP(垂直地震测深法)、HSP(水平地震波剖面法)、地震反射负视速度法、地质雷达、陆地声呐法、TRT(地震反射层析成像)、高精度地震折射法、TEMT(瞬变电磁法)、BEAM(激化极化法)等]和以地质法为基础结合物探的综合方法。在重点隧道采用超前水平钻探结合物探的方法。

地质法、导坑法和超前水平钻孔(导坑)法在隧道施工期地质超前预报中,基本沿用了地质工作中地质素描(描述)、地面地质调查及相关分析方法。前两者仅采用了地质工作中最简单的工具:罗盘、铁锤和放大镜等,后者分别采用了地质勘察工作中最常用的工具:钻机和钻速测定仪等。当然在超前平行导坑(隧道)和超前导坑的施工中不可避免地使用了隧道施工机具。

在超前钻孔声波测井及跨孔声波透射法隧道施工期地质超前预报中,钻孔施工主要利用了钻孔凿岩台车,声波孔也可利用超前水平钻孔,预报实施采用了孔中发射和接收换能器、声波信号采集系统-声波探测仪及声波信号储存系统-便携式计算机。

波反射法隧道施工期地质超前预报广泛应用了现代化测试仪器:信号采集系统-声波探测仪、地震仪、面波仪、地质雷达探测仪、TSP 系列和高分辨地质探测仪(GDS)及信号储存系统-便携式计算机,一般都携带专用处理软件,由专业人员进行处理和判读预报结果,使探测结果的显示更加形象化。

三、技术状况检测与调查

现有交通运输设施长期运行后会产生不同程度的损害,此时应进行技术状况检测与调查。

公路技术状况检测与调查应包括路基、路面、桥隧构造物和沿线设施四部分内容。

路面检测与调查应包括路面损坏、路面平整度、路面车辙、路面跳车、路面磨耗、路面抗滑性能和路面结构强度七项内容。路面技术状况检测调查有人工调查和自动化检测两种方式。路面技术状况检测应采用自动化检测设备。每个检测方向应至少检测一个主要行车道,二、三、四级公路的路面技术状况检测宜选择技术状况相对较差方向的行车道。路面技术状况自动化检测应符合现行《多功能路况快速检测设备》(GB/T 26764)和《公路路面技术状况自动化检测规程》(JTG/T E61)的规定。人工调查的路面损坏类型应满足现行《公路技术状况评定标准》(JTG 5210)的规定。

隧道的现场检测与调查可根据目的有针对性地进行,一般包括结构变形、裂缝、漏水、材质、衬砌及围岩状况、荷载状况检查,其检查部位包括洞口、洞门、衬砌、路面、检修道、排水系统、吊顶及预埋件、内装饰、标志、标线、轮廓标等。

检测与调查方法可人工与自动化设备相结合,主要依据是现行《公路工程质量检验评定标准》(JTG F80/1)、《公路隧道养护技术规范》(JTG H12)、《公路技术状况评定标准》(JTG 5210)等,同时应满足相关的规定。

桥梁是通过对桥梁的使用状况、缺陷及损伤进行细致、深入的现场检测,明确缺陷和损伤的性质、部位、严重程度及发展趋势,寻找缺陷及损伤产生的原因,以便分析、评价缺陷及损伤对桥梁使用性能和承载力的影响,为桥梁维护、加固及改造设计提供及时、有针对性的第一手资料。同时通过对桥梁的检测,系统地收集当前桥梁技术数据,积累技术资料,为充实桥梁数据库、加强桥梁科学管理和提高桥梁技术水平提供必要条件;通过合理设计检测的方法,辅以布设长期监测设备,逐步建立桥梁健康监测系统,确保桥梁长期运营,以发挥其经济效益和社会效益。

第三节 专题论证

依据《中华人民共和国安全生产法》,国务院《建设工程安全生产管理条例》,交通运输部《公路水运工程安全生产监督管理办法》(交通运输部令2017年第25号),住建部《危险性较大的分部分项工程安全管理规定》(住建部令2018年第37号)等有关法律、法规、规章、标准,施工单位应当在危险性较大的分部分项工程(简称"危大工程")[危大工程分类及方案名称详见《危险性较大的分部分项工程安全管理规定》(住建部令2018年第37号)等文件]施工前组织工程相关专业技术人员,根据合同段施工安全专项风险评估结论及有关工程建设标准、规范和规程,针对危险性较大的分部分项工程,在制定施工组织设计的基础上,编制危险性较大的分部分项工程的专项施工方案。

危大工程专项施工方案主要内容见表3-1。

危大工程专项施工方案主要内容　　　　表3-1

序号	名目	内容
1	编制说明	编制依据、编制目的、适用范围等
2	工程概况	危大工程概况和特点、气象水文地质条件、周边环境、施工平面布置和施工要求等
3	施工工艺	施工工艺流程、施工方法、安全验算及相关图纸等
4	施工计划	施工进度计划、材料与设备计划、劳动力计划等

续上表

序号	名目	内容
5	风险(危险源)分析	按作业单元进行风险(危险源)辨识、风险(危险)因素分析、风险因素估测等
6	施工安全保障措施	组织保障措施(含施工管理人员、专职安全生产管理人员、特种作业人员)、技术保障措施、监测监控措施、应急处置方案等
7	安全检查和验收	检查包括检查方法、检查人员、检查内容等,验收包括验收程序、验收人员、验收内容、验收标准等
8	其他需要说明的内容	—

对于超过一定规模的危大工程的专项施工方案,施工单位应当在分部分项工程开工前组织专家论证。其他危大工程,建设单位或监理单位认为有必要进行专家论证的,施工单位也应当组织专家进行论证。

对于需经专家论证的专项施工方案,经施工单位相关部门审核和总监审查后,组织召开专家论证会,并根据专家论证意见对专项施工方案进行修改完善,经完善的专项施工方案由施工单位技术负责人签字确认后报监理单位,由项目总监审查签字、盖章,报建设单位备案。

专家论证会由施工单位组织召开,建设、监理、设计等相关单位参加。有涉路涉水作业等影响其他安全的,应当邀请铁路、海事、交警等相关部门参加论证会。

施工单位应当根据专项施工方案的内容和特点,宜从交通运输主管部门建立的安全专家库中选取符合专业要求且不得少于 5 名的专家组成专家组,并将拟订的专家组成员名单报建设单位审核,由建设单位确定专家组组长。涉及同一工程同一项目本合同段的行业管理人员、参建各方人员和企业人员不得作为专家组成员,其中本项目建设单位的专家不得超过 1/3,且不得担任专家组组长。

施工单位应及时将专项施工方案的内容和注明特长的专家组成员名单告知专家组组长,专家组组长应当根据专家组成员的特长分配重点审查的章节内容。必要时,专家组组长可以建议调整部分专家。

专家论证的主要内容:

(1)专项施工方案内容是否完整、是否可行;

(2)专项施工方案计算和验算是否符合有关标准规范;

(3)安全施工的基本条件是否具备,是否符合现场实际情况等。

各类不同方案的审查流程和内容

表 3-2

序号	方案类别	方案名称	审查流程	审查内容
1	施工组织设计	总体施工组织设计	施工组织设计编制完成后,经施工单位技术负责人审查签字、盖章后报监理单位,由项目监理机构审查(须经专家论证的专项施工方案,经施工单位审核相关部门审核和总监论证意见对专项施工方案进行修改完善,经完善后的专项施工方案由施工单位技术负责人签字确认后报监理单位,由项目总监审查签字、盖章,报建设单位备案)签字、盖章后方可实施	1.程序性审查 编制单位的审批手续是否齐全;编制依据与目标是否符合要求。 2.符合性审查 工程概况符合性审查(建设地点、规模、地形地貌、工程水文地质、工程特点、重难点)。 3.针对性审查 (1)施工准备阶段审核要点(项目组织机构、施工总平面布置设计等)。 (2)施工方案审核要点(施工部署、技术运用、施工方案确定)。 (3)施工进度计划审核要点(总进度计划、各分部分项工程计划、施工项目划分、施工机械数量、性能、规格、进场时间;计划横道图、网络图)。 (4)施工质量技术保证措施审核要点(质量保证体系、质量预控措施、质量验收、质量档案资料)。 (5)施工进度保证措施审核要点(与总进度计划相配套的细部实施计划、进度纠偏措施、保证进度计划的组织、技术、合同、经济措施)。 (6)安全文明施工审核要点(安全管理机构、体系、安全管理成效、安全技术措施、安全检查系统)。 (7)环境保护和水土保持审核要点(管理机构、管理体系、管理程序、环保及水保技术要求、检查系统)
2	单位分部分项工程划分	单位分部分项工程划分	项目部编制完成后经项目部技术负责人审查签字、盖章,报监理单位进行审查签字、盖章,报建设单位备案	1.程序性审查 编制单位的审批手续是否齐全;编制依据与目标是否符合要求。 2.符合性审查 根据现行《公路工程质量检验评定标准》(JTG F80)及图纸审查是否缺项漏项,划分是否合理,标号是否重复等

续上表

序号	方案类别	方案名称	审查流程	审查内容
3	一般施工方案	工艺性方案	项目部编制完成后经项目部技术负责人审查后,报监理单位进行审查签字,盖章后可实施	(1)编审程序应符合相关规定。 (2)工艺试验的范围、内容及相关指标等。 (3)分项工程的特点、难点分析及相应的施工方法是否满足要求。 (4)主要施工工艺是否合理。 (5)对于易产生质量通病的施工采取的措施。 (6)安全技术措施应符合工程建设强制性标准。 (7)施工进度计划应符合施工合同中工期的约定。 (8)施工人员、工程材料、施工机械等资源供应计划应满足施工进度计划的需要
		技术方案	项目部编制完成后经项目部技术负责人审查后,报项目监理机构进行审查签字,盖章后实施	(1)编审程序应符合相关规定。 (2)工艺试验的范围、内容及相关指标等。 (3)分项工程的特点、难点分析及相应的施工方法是否满足要求。 (4)主要施工工艺是否合理。 (5)对于易产生质量通病的施工采取的措施。 (6)安全技术措施应符合工程建设强制性标准。 (7)施工进度计划应符合施工合同中工期的约定。 (8)施工人员、工程材料、施工机械等资源供应计划应满足施工进度计划的需要
4	专项施工方案		施工组织设计编制完成后,经施工单位、项目负责人审查签字,经项目报监理单位,由项目监理机构审查(经专业部门审核和总监理工程师批准)签字盖章后,组织召开专家论证会,并根据专家论证意见对专项施工方案进行修改完善,经完善的专项施工方案由施工单位技术负责人签字确认后报监理单位,由项目总监理工程师审查签字、盖章,报建设单位备案)签字、盖章,报建设单位备案后方可实施	除了一般方案需要审查内容外,还应审查对于专家论证提出问题的整改落实情况

038

第四节 方案审查

施工过程中审查各种方案是总监、驻地监理工程师的一项重要工作内容。监理工程师应在合同约定的期限内及时审查批准施工单位提交的施工组织设计、专项施工方案、施工方案以及变更方案。应重点审核施工单位审批手续是否齐全有效；施工质量、安全、环保、进度、费用目标是否与合同一致，危大工程的施工方案是否符合要求。施工组织设计方案由施工单位项目负责人编制，并由施工单位技术负责人审签。施工方案由建设单位的项目技术负责人审批。

表3-2 为各类不同方案的审查流程和审查内容。

第五节 试验检测

公路水运工程试验检测的试验是指用于指导公路设计、施工、运营等环节的室内试验，由土工试验、土工合成材料试验、岩石试验、集料试验、掺合料试验、沥青及沥青混合料试验、水泥及水泥混凝土试验、砂浆试验、外加剂试验、修补加固材料试验、防腐材料试验、钢材和钢筋接头试验、钢结构连接试验、预应力锚具和波纹管试验等构成。检测是指用于指导公路设计、施工、运营等环节的现场检测，由路基路面现场检测、桥梁现场检测、隧道现场检测、机电系统现场检测等构成。

一、材料的质量要求与抽样方法

公路水运工程所用建筑材料的质量要求是保障该工程建设的工作质量和建筑效果，保证工程在投入使用后的安全性和效率性。包含了设计和规范要求的材料相关外观质量、物理性能、化学性能、力学性能、耐久性能、工艺性能等。因此，工程的监理人员应当提高对建筑材料质量检测的认识，用科学合理的方法强化建筑材料质量的检测工作，使之既符合工程质量要求，又有较高的性价比。

材料和工程的质量评定依据：设计文件、相关施工技术规范以及现行《公路工程质量检验评定标准 第一册 土建工程》(JTG F80/1)、《公路工程质量检验评定标准 第二册 机电工程》(JTG F80/2)、《水运工程质量检验标准》

(JTS 257)。

公路水运工程所用建筑材料涉及的种类繁多、数量巨大,材料性能质量检验只能采用抽样检验,随机抽样可排除人的主观因素,能客观地反映总体的质量状况。适合于质量检验的随机抽样方法一般有3种,包括单纯随机抽样、系统抽样和分层抽样。

(一)单纯随机抽样

在总体中直接抽样的方法称为单纯随机抽样。随机抽样并不意味着随便地、任意地取样,而是应采取一定的方式获取随机数,以确保抽样的随机性。如利用随机数表、掷骰子和抽签等方式。单纯随机抽样适合于公路工程质量验收,如路面宽度、高程、横坡等随机取样检测。

(二)系统抽样

系统抽样主要有3种方式:

(1)单纯随机抽样。

(2)间隔定时法。

(3)间隔定量法。

该抽样方法适合于工序质量控制,例如现行《公路工程质量检验评定标准 第一册 土建工程》(JTG F80/1)规定,浇筑基础、墩台等结构物时,每一单元应抽取2组试件;连续浇筑大体积混凝土时,每80~200m^3或每一工作班应取2组等,都是按以上方式确定的。

(三)分层抽样

分层抽样是将一项工程或工序分成若干层或工序进行施工,按一定比例确定每层应抽取的样品数,如路基施工,是由若干层组成一个完整的路基分项工程,现行《公路工程质量检验评定标准 第一册 土建工程》(JTG F80/1)规定,若按密度法测试,则每层每2000m^2测4处(双车道)。

二、材料的主要性能

材料的组成、结构、构造等是材料技术性能的决定因素,材料的技术性能决定材料的工程应用。不同应用条件下的材料,对技术性能有不同的要求。公路水运工程用建筑材料的技术性能主要包括以下几个方面:

(一)物理性能

材料的物理性能包括物理常数(真实密度、表观密度、毛体积密度堆积密度、孔隙率、空隙率等)和与水相关的性能(亲水性、憎水性、吸水率、饱水率)等。

(二)力学性能

材料的力学性能是指材料抵抗静态及动态荷载作用的能力。静态力学性能主要用材料抗拉、压、弯、剪等强度评价;动态力学性能可以通过材料抗磨损、抗磨光、抗冲击等评价。

(三)耐久性能

耐久性能是指材料在使用过程中,在气候及环境综合作用下,保持其原有设计性能的能力。材料的耐久性包括耐气候性、耐化学侵蚀性、抗渗性等方面。

(四)化学性能

材料的化学性能是指其化学元素组成、化学组分组成等,材料的化学性能影响材料的耐久性能、力学性能、热工性能等。

(五)工艺性能

工艺性能是指材料在一定的加工条件下接受加工的性能。

(六)其他性能

如热工性能(导热系数、比热等)、装饰性能等。

三、各类配合比标准试验的复核与验证试验

(一)水泥混凝土

普通水泥混凝土组成设计针对设计任务和技术要求(主要有强度、工作性及耐久性等)以及经济性要求考虑施工条件等因素选择适宜的组成材料,确定各组成材料用量,使配制的混凝土在满足经济性要求的原则下,达到期望的技术性能。设计步骤和要求按照现行《普通混凝土配合比设计规程》(JGJ 55)、《公路水泥混凝土路面设计规范》(JTG D40)等实施。水运工程按照现行《水运工程混凝土试验检测技术规范》(JTS/T 236)、《水运工程混凝土施工规范》(JTS 202)等实施。

(二)沥青混合料

沥青混合料必须在同类公路配合比设计和使用情况调查的基础上,充分借鉴成功的经验,选用符合要求的材料前提下进行配合比设计。全过程的沥青混合料配合比设计包括三个阶段:目标配合比设计阶段、生产配合比设计阶段和

生产配合比验证即试验路试铺阶段。只有通过三个阶段的配合比设计,才能真正提出工程上实际使用的沥青混合料组成配合比。设计步骤和要求按照现行《公路沥青路面施工技术规范》(JTG F40)实施。水运工程按照现行《水工沥青混凝土施工规范》(SL 514)实施。

(三)无机结合料

无机结合料配合比设计是根据无侧限抗压强度标准(一般在设计文件中明确)选择适宜的结合料类型和被稳定的材料,确定最佳级配范围和必需的结合料剂量,验证混合料相关的设计及施工技术指标。集料级配曲线可按现行《公路路面基层施工技术细则》(JTG/T F20)推荐的级配范围和以往工程经验或《公路路面基层施工技术细则》(JTG/T F20—2015)附录 A 的方法。水运工程还可参照现行《港口道路与堆场施工规范》(JTS/T 216)。

四、现场检测

现场检测可以充分了解公路工程施工各环节的质量情况,为公路工程施工提供科学指导,在公路工程施工过程中具有重要的作用。通过现场检测,有利于推广新型的材料、技术和工艺,保障施工顺利进行以及工程质量。

(一)路基路面现场检测

在公路路基路面工程的设计、施工和养护质量评定中,路基路面现场测试是其中的重要一环。交通运输部制定《公路路基路面现场测试规程》(JTG 3450),作为公路路基路面的现场调查、工程质量检测以及技术状况检测等工作的依据。路基路面现场测试内容主要包括几何尺寸、压实度、平整度、承载能力、抗滑性能、路基路面损坏、施工控制、现场抽样等方面。

路面损坏是道路工程质量验收与路面养护质量评估的重要参数。常用的方法有人工检测方法和图像视频检测方法损坏类型的分类参考现行《公路技术状况评定标准》(JTG 5210)。

(二)桥梁工程现场检测

1.桥梁成桥荷载试验

桥梁成桥荷载试验按设计要求执行,设计无明确要求的,按现行《公路桥梁荷载试验规程》(JTG/T J21-01)的规定执行。

检测试验单位应提交检测试验方案,并经建设、监理、设计单位会审同意后实施,检测结束后应及时提交正式荷载试验报告。监理单位在荷载试验实施中应进行旁站监理。施工单位应向检测试验单位提供相关技术资料,并做好荷载试验期间的配合协助工作。承担荷载试验的检测试验单位必须具备相应的检测资质,主要检测人员必须具备桥梁专业工作经历,荷载试验仪器、试验车辆、加载设备、人员数量等应满足桥梁荷载试验的要求。

荷载试验方案一般应包括如下内容:试验目的和测量要求、测试内容、加载方法及测量方法、试验程序及试验进度、试验人员的组织和分工、安全措施。

荷载试验选择检测桥跨应有代表性,应综合考虑选取计算受力最不利或施工质量有怀疑的部位,通过检测应能全面反映桥梁结构在各种工况下的质量安全状况。试验桥跨的主要承重结构混凝土强度需达到设计要求后方可进行荷载试验。

2. 桩基检测

桩基工程分类繁多。一般按承载力分为摩擦桩、端承桩、摩擦端承桩、端承摩擦桩。桩基检测技术从20世纪的只使用声波透射法抽检发展到目前的低应变、声波透射法、静荷载、钻孔取芯、高应变等综合全面普查。

(1)低应变检测方法

低应变检测法的基本原理是使用小锤敲击桩顶,通过黏接在桩顶的传感器接收来自桩中的应力波信号,采用应力波理论来研究桩土体系的动态响应,反演分析实测速度信号,频率信号,从而获得桩的完整性。

低应变检测法检测简便,成本低,且检测速度较快。

(2)声波透测法

声波透测法是在灌注桩基混凝土前,在桩内预埋若干根声测管,作为超声脉冲发射与接收探头的通道,用超声探测仪沿桩的纵轴方向逐点测量超声脉冲穿过各横截面时的声参数,然后对这些测值采用各种特定的数值判据或形象判断,在进行处理后,给出桩身缺陷及其位置,判定桩身完整性类别。

声波透测法适用于已预埋有声测管的混凝土灌注桩。

(3)静荷载试验法

桩基静荷载试验法是指在桩顶施加荷载,了解在荷载施加过程中桩土间的作用,最后通过测得 Q-S 曲线(即沉降曲线)的特性判别桩的施工质量及确定桩的承载力。

(4)钻孔取芯法

钻孔取芯法主要是采用钻孔机对桩基进行抽芯取样,根据取出芯样,可对桩基的长度、混凝土强度、桩底沉渣厚度、持力层情况等作出清楚的判断。

(5)高应变检测法

高应变检测法是一种检测桩基桩身完整性和单桩竖向承载力的方法,该方法是采用锤重达桩身重量10%以上或设计单桩竖向承载力1%以上的重锤以自由落体击往桩顶,从而获得相关的动力系数,应用规定的程序,进行分析和计算,得到桩身完整性参数和单桩竖向承载力,也称为 Case 法或 Cap-wape 法。

高应变检测法适用于需检测桩身完整性和复核桩基承载力的桩基。

(6)自平衡法

自平衡法,顾名思义,是由桩体本身重量提供反力,而不借助外力的一种静载荷试桩方法。通过在桩间预埋压力盒,并在此由千斤顶加载,通过测试上下段桩的承载力得到整根桩的承载力。

(三)隧道工程施工质量检测

施工质量检测内容按施工顺序分为:

(1)超前支护及预加固质量检测。

(2)开挖质量检测,包括开挖面的尺寸、形状、平整圆顺程度。

(3)初期支护质量检测。

(4)防排水系统质量检测,包括防排水材质、规格;加工安设质量。

(5)衬砌质量检测。

(6)通风检测。

(7)照明检测。

(四)超前地质预报的内容

隧道开挖中的超前地质预报是指利用钻探和现代物探等,探测隧道掌子面前方的地质情况,力图在施工前掌握前方的岩土体结构、性质、状态,以及地下水、瓦斯等的赋存情况、地应力情况等地质信息的一种手段。

(1)地层岩性预测:软弱夹层、破碎地层、煤层及特殊岩土等。

(2)地质构造预测:断层构造发育、节理密集带、褶皱等。

(3)不良地质预测:岩溶、人工孔洞、瓦斯等。

(4)地下水预测:岩溶管道水、富水断层、富水褶皱和富水地层裂隙水等。

超前地质预报的方法:地质调查法、超前钻探法、物探法。

(五)隧道支护施工质量控制方法

初期支护是隧道稳定的主要承载结构,是密贴于围岩的柔性结构与控制围岩变形松弛的主要支护手段,而二次衬砌是在围岩与初期支护变形基本稳定的情况下修筑的,初期支护是二次衬砌的基础。

隧道支护施工质量控制应该加强锚杆、钢筋网片、喷射混凝土、钢架、降低喷射混凝土的回弹率等方面的控制,隧道初期支护稳定后,采用模板台车进行分段施工,除了隐蔽工程检查之外,普遍采用地质雷达、敲击等方法检测其施工质量。隧道衬砌质量检查除了采用传统的钻孔和测量设备进行检测外,国内外亦研发隧道自动检测车、空气耦合雷达、声波反射缺陷检测车等自动化设备,大大降低了人工的劳动强度。

(六)桥梁施工地质钻探及取样试验

桥梁基础在施工过程中,地质情况有变化或者改变基础设计时,应经监理人员审查批准,进行施工地质钻探取样。

通过地质钻探可以基本查明道路沿线地形地貌、地层岩性、地质构造、水文地质条件;不良地质和特殊性岩土的成因、类型、性质和分布范围;区域性断裂、活动性断层、区域性储水构造、水库及河流等地表水体、可供开采和利用的矿体的发育情况;大桥及特大桥等控制性工程通过地段的工程地质条件和主要工程地质问题。根据地质钻探的不同目的还可采用干钻、无泵反循环、双层岩心管或其他有效钻进方法。

在跨江通道项目桥梁工程地质勘查时,勘查人员做好相应的取样工作至关重要。项目当中的施工钻孔,均属于技术性控制钻孔,在技术性控制孔当中,利用原状土样与岩石试样作为扰动土样。主要方法包括标准贯入试验、圆锥动力触探试验、波速试验、旁压试验、十字板剪切试验和室内试验等。

(七)水运工程结构的检测

针对水运工程结构实体的混凝土结构按照现行《水运工程混凝土结构实体检测技术规程》(JTS 239)实施。

水运工程混凝土结构的实体检测可分为水运工程混凝土结构的实体验证性检测、工程质量实体检测和结构现状性能实体检测。混凝土工程建造过程中的施工质量的监控,可通过对混凝土缺陷的检测、混凝土强度检测、混凝土耐久性检测、混凝土中钢筋检测、面层厚度检测进行水运工程混凝土结构工程质量的实体检测。

第六节 监控测量

监控测量是在整个施工过程中为保障施工安全、工程质量，必须采取的一种工作方法，需实时将结果做系统处理后及时反馈给监理工程师，确保各个施工状态始终处于控制范围、各阶段施工处于理想状态。

一、公路监控测量

变形观测：变形观测的内容有沉降观测、倾斜观测、水平位移观测等。
沉降观测：沉降观测也称垂直位移观测，常用的方法是水准测量。
水平位移观测：方法有基准线法、导线法和前方交会法。

二、桥梁监控测量

监控测量（亦称施工监测）是大跨度桥梁施工控制的基础。目前，国内对于大型复杂结构的施工过程应力监测主要采用光纤光栅通信与传感技术、振弦式应变计法、电阻应变片法等方法来完成。变形监测主要是依据测量仪器和建立的基准数据测量变形体在空间三维几何形态上的变化，普遍使用的常规测量仪器有水准仪、经纬仪、测距仪、全站仪等。随着电子技术、空间定位技术和远程通信技术的发展，以 GPS 技术和北斗技术为代表的全天候连续自动实时监测系统在变形测量方面发挥着重要作用，提高了对外部变形监测数据的获取能力。施工监测方法应根据监测对象、监测目的、监测频度、监测时间长短等情况选定最方便实用、最可靠的监测方法。

虽然不同类型桥梁监控内容相对的侧重点是不同的，总体而言，都包括以下几个方面。

1. 几何（变形）控制

桥梁结构几何尺寸参数的控制是施工控制的基本要求。与其他施工中参数评定一样，施工控制的结果采用误差容许值来评定，该误差的容许值可以参考现行《公路桥涵施工技术规范》（JTG/T 3650）的规定。

2. 应力控制

一般是通过施工监控的应力监测来得到。

3.稳定控制

在桥梁的施工过程中,施工监控的重点不仅是要严格控制结构应力状态和变形情况,同时要把施工各阶段结构构件的局部和整体的稳定提到重中之重,这将直接关系到桥梁整体结构的安全,一旦失控将会造成严重的施工事故。

4.安全控制

桥梁施工过程中的安全控制也是桥梁施工控制特别重要的内容,安全控制不仅贯彻工程施工的整个过程,也贯彻在监控任务的整个过程。安全控制是上述几何(变形)控制、应力控制和稳定性控制三方面内容的综合体现。

施工监控不仅是做到对几何(变形)、应力和稳定性三方面的控制,还要根据具体桥梁施工工程的实际情况,确定其安全控制的要点,确保桥梁的整体和局部构件的安全。

三、隧道监控测量

隧道施工监控量测是指在隧道施工过程中使用各种类型的仪表和工具,对围岩和支护衬砌变形、受力状态的监测。通过施工监控量测可达到确保安全、指导施工、修正设计、积累资料等目的。

监控量测的内容较多,通常分为必测量测项目和选测量测项目两类。

必测量测项目是施工过程中必须进行的经常性的量测项目,通过对围岩及支护状态的观察、变形观测,判断围岩稳定性。这类量测项目量测方法简单、量测密度大可靠性高,对监视围岩稳定、指导设计、施工有巨大作用。必测量测项目包括:洞内外观察、拱顶下沉量测、周边收敛量测、地表沉降量测。

选测量测项目是必测项目的拓展和补充。通过对围岩及支护结构受力、内力、应变,围岩内部位移等进行监测,深入掌握围岩的稳定状态与支护效果。选测量测项目内容较多,包括:围岩内部位移量测、锚杆轴力量测、围岩与喷射混凝土间接触压力量测、喷射混凝土与二次衬砌间接触压力量测、喷射混凝土内应力量测、二次衬砌内应力量测、钢支撑内力量测、围岩弹性波速、爆破振动量测等。

隧道监控量测过程中测点及测桩、传感器导线保护完好是连续采集量测数据的基本保障,必须严格保护。

隧道监控量测观测方法:洞内、外观察采用目测配合简单工具,地表下沉量测、洞拱顶下沉及水平相对净空变化测量采用水准仪、全站仪等配合钢钢尺、反射膜片和非接触量测方法等。

第七节 信 息 化

工程监理的信息管理,是指按照监理的目标需求对信息内容进行分类管理,一般是以监理管理信息系统来实现。它通过对工程项目建设监理过程中信息的采集、加工和处理,即通过统计分析、对比分析、趋势预测等处理手段,为监理工程师的决策提供依据,对工程的费用、进度、质量、安全、环保进行控制;同时它也为确定索赔内容、索赔金额及反索赔提供确凿的事实依据。

一、智慧监理

智慧监理是对传统监理方式的深化与完善,是实现监理现代化的关键路径,是数字时代现代化监理的理想样态。智慧监理可以定义为:把监理工作从线下搬到线上,助力监理人员完成规定的监理工作,同步生成对应的监理资料,实现与项目管理、BIM、物联网、行业监管等专业信息化系统的互联互通,为工程管理者提供诸如溯源、自定义分析、提醒、预警、预报的智能服务,最终实现规范监理行为、发挥监理作用、助力品质工程、服务数字化建设的目标。

(一)特点

区别于传统的监理工作方式,智慧监理的工作方式有如下几个特点:

1. 监理工作过程公开透明

在"智慧监理"工作模式下,监理人员的工作流程全透明、易查询、可追溯,人员履约情况一目了然,监理工作量化可控。

2. 监理工作边界清晰明确

"智慧监理"系统对监理的工作内容按照审核类、证明类、咨询类三个维度进行模块化分解,引导监理人员在日常工作中将"监理规定动作"逐一实施,确保监理履职尽责。

3. 监理内业工作及时规范

"智慧监理"系统通过固化监理工作流程,规范有序的完成绝大多数的内业整理工作。

4. 监理工作数据真实可靠

监理工作数据属于工程第三方认证数据,在工程数据体系中的地位至关重要。具体工作过程中,监理人员通过拍摄、遥感、激光扫描、物联网等途径获取的检测数据自动上传至"智慧监理"系统,确保监理数据的客观与真实,实现工作流程真实、工作行为真实,提高了工作成果真实性。

5. 进度、费用管控准确高效

系统建立了"进度管理—费用管理—质量评定—电子档案—BIM"的数据模型,工序报验驱动进度管理和费用管理的自动运行,单位、分部、分项工程的完成情况驱动质量评定工作的自动运行,由此保证了进度管理工作和计量支付工作的及时、高效、准确,彻底解决了传统监理模式下计量支付的差、错、漏问题。

(二)功能

1. 基本功能

平台涵盖全部的质量、安全、合同、费用、进度、环保等监理工作管理内容,满足监理规范要求的全部监理工作,如工序报验、现场旁站、现场巡视、下发通知指令、监理会议等。平台的工作内容、工作流程、生成的资料种类及格式等应符合现行规范有关要求,并且由系统对工作内容进行分类别划分。

2. 应用支持功能

应用支持功能包含工作定位、照片水印、物联网数据接入、监理资料自动生成、分析计算

自动预警、监理知识教育与培训、数据共享等,在满足监理人员日常工作需求的同时,减轻监理人员工作量,提升监理人员工作效率。

3. 扩展功能

对应用所获取的数据进行采集、存储、清洗、分析,通过建立科学的数学模型,为项目全生命周期的运行提供辅助决策服务。

(三)应用成效

自2018年以来,浙江省、广西壮族自治区、江西省、山东省等各省(市、自治区)数百个高速公路、国省干线、水运工程进行了智慧监理系统的实践应用,取得初步成效。监理人员的履职行为、廉政风险得到有效控制,监理工作质量得到进一步提升。

智慧监理以监理工作需求为导向,展现了全新的监理工作模式。随着应用的深入开展,系统在项目的持续应用,衍生了一批以智慧监理为基础的交通工

程建设管理类系统,如全咨云、数字路面、交竣工验收、电子档案管理等等。这些系统的广泛应用,促进了管理方式转型与管理能力提升,构建了现代化工程建设质量管理体系,加快了从"事"到"制"、从"治"到"智"的转变。

(四)发展前景

在智慧监理的不断深入应用过程中,大家深刻认识到科技信息手段驱动传统监理创新是行业发展的大趋势,只有这样,各类监理工作流程与资源不再受物理空间的束缚,传统监理制度与组织架构因此有了彻底变革和重塑的可能性。未来的"智慧监理"将展现以下图景:

(1)全生命周期的监理平台。以"工程全生命周期"为核心,注重各个业务流程、各专业人员之间的耦合性和协同性,为监理人员提供监理服务,对外提供统一的接口,实现监理人员"进一扇门"处理所有的监理业务。

(2)全流程智能的监理模式。智慧监理在"应用—沉淀—再应用—再沉淀"的螺旋式上升中无限拓展,为监理工作提供更有力的智能支持,如智能派工、智慧风控、辅助决策等。

(3)全方位变革的监理制度。随着"智慧监理"的深入推进,建构在工业时代现实"物理空间"基础上的传统监理制度面临重构、变革和创新。同时,"智慧监理"汇聚的数据成为反映工程管理动态的重要数据资源,推动技术规范和管理制度的调整,促进监理行业实现良性循环,回归高端咨询。

"智慧监理"的创建实践孕育厚植于信息技术更新与监理体制改革交互迭变,这一"化学"反应成果为新时代监理发展描绘出富有前瞻性、充满想象力、极具现实性的蓝图。当前,全体监理从业人员在这方面不断探索,取得了一定成效,但"智慧监理"是一个不断实践、永无止境的过程,我们只有持续深化推进"智慧监理"建设,才能更好地践行"守法、诚信、科学、公正"的监理准则。

二、其他信息化技术简介

监理信息化的应用过程中,还可以集成其他信息化的技术,提升数据采集的质量、数量和精度。这些技术主要有:

(一)航空摄影测量技术

航空摄影测量(aerial photogrammetry)指的是在飞机上用航摄仪器对地面连续摄取像片,结合地面控制点测量、调绘和立体测绘等步骤,绘制出地形图的作业。它是以数字影像为基础,通过计算机分析和处理,获取数字图形和数字影像信息的摄影测量技术。

公路航空摄影应结合路线沿线的地形起伏情况和成图精度要求,合理选择镜头焦距。航摄范围横向每侧应覆盖成图区域以外一条航带20%以上的宽度,纵向各向外延伸2~3条摄影基线。进行航带设计时,宜采用1:50000地形图。飞行质量应符合像片重叠度、像片倾角、旋偏角要求。

航空摄影测量从成图过程上分为三个阶段:航空摄影、航测外业和航测内业。

航空摄影测量技术是当前用于工程测绘的主要技术手段,当前航空摄影测量主要利用无人机进行航空拍摄,达到全面反馈工程信息的效果。

(二)数字地面模型技术(DTM)

数字地面模型是一个表示地面特征空间分布的数据库,一般用一系列地面点坐标(x,y,z)及地表属性(目标类别、特征等)衍成数据阵列,以此组成数字地面模型。

数字地面模型应能满足任意点或断面的地面高程插值计算,等高线生成,距离、坡度、面积、体积的量算以及路线平面图、地形透视图的制图等要求。

1. 数据获取

(1)数据点采样应根据地形起伏变化的实际情况采点,应优先采集测区内地形特征线和地形特征点,不得遗漏对构建DTM的精度起决定作用的地形三维特征信息。

(2)数据采集应符合相关要求:采样点间距应符合相应的规定;地物点、地形特征线或其他精度要求较高的数据点,当采用摄影测量或地形图数字化方法采集时,应按离散点方式逐点采集等。

2. 数据编辑和预处理

(1)数据录入应采用文件交换方式,并进行字符检校,少量的数据可采用人工录入,但应做校核。

(2)对数据进行编辑时,应对原始采样数据进行粗差检查与剔除。

(3)对数据进行预处理时,应对通过不同数据源所获取的各种数据进行坐标统一归算、数据分类、统一格式与编码、数据文件的综合(分割)和接边处理,并按数据类别进行数据规格化管理或建立数据库。

3. DTM构建

(1)数字地面模型宜采用考虑地形特征点、线三维信息的三角网模型(TIN)或格网与三角网的混合模型(GRID+TIN)的方式构建。

(2)构建数字地面模型时,应考虑对地形特征线、断裂线和地物的处理。

(3)DTM 构建应符合相关要求:比如采用三角网构建 DTM 时,应对预生成的三角网进行优化处理;当用混合建模方法时,应将利用规则格网方式采集的地形点按矩形格网模型构网,局部细节模型应采用三角网模型。

(4)DTM 成果应用。

①数字地面模型应用于施工图测设阶段时,原始三维地面数据必须野外实测采集。

②纵、横断面插值应符合相关要求:比如采用数字地面模型计算公路纵、横断面时,中桩桩距和横断面取值间距应符合相应的规定;等高线可通过三角网模型或矩形格网与三角网的混合模型进行等值线自动追踪生成。

(三)桥梁工程的信息化

桥梁工程的信息化研究正在蓬勃发展,通过信息化技术可以显著提高桥梁的生产效率、性能水平和建养一体化水平,推动桥梁智能化、工业化水平的提升,实现桥梁全生命周期内各项数据的管理和桥梁状态的实时评估并保障交通安全。

在桥梁信息化施工方面,BIM 等技术能实现信息共享、多方协同作业、全局仿真、降低安全隐患等,推动桥梁施工的可视化和精准化发展,能够有效提高施工管理水平、保障施工安全性、提升施工质量和降低施工成本,积极推进施工单位的改革创新,提升自身竞争力。

在桥梁信息化管养方面,引入现代化信息技术将升级桥梁养护管理技术、提高管理效率与能力。基于 BIM 等技术搭建的建管养一体化平台,可以有效促进桥梁管养过程中的标准化、可视化、自动化和智能化发展,为桥梁的日常检查、工程养护和计划性维护等提供决策参考,实现桥梁全生命周期内各项数据的智能管理和桥梁状态的实时评估,并保障交通安全。

(四)桥梁智能检测

智能桥梁的核心是桥梁建造和养护技术的智能化,实现桥梁智能检测是其中关键的一环。随着深度学习的快速成熟发展,人工智能技术融入桥梁检(监)测的研究已成为发展趋势和热点,具有广阔的应用和发展前景。桥梁混凝土无损检测、钢桥疲劳裂纹探测、水下桩基础检测、高清摄像损伤识别、桥梁动静载试验检测等技术,无人机、缆索检查机器人、桥梁检测机器人等一系列智能检测装备与技术以及数据挖掘、计算机视觉、深度学习等众多大数据智能算法不仅使得桥梁检测手段不断丰富,而且有效提高了检测精度和效率。

1.智能检测装备与技术

装备摄像头的无人机(UAV)在桥梁、建筑和其他民用基础设施系统的视觉监控建设和运行方面的应用呈指数级增长。无人机可搭载多种类型传感器,其中,相机、红外热成像和激光雷达等高分辨率装置能对桥梁结构整体及局部进行多角度成像拍摄。

除了无人机外,对各种检测机器人的研究也是一大热点,检测机器人的研发同样有力地推动了智能桥梁的发展,使得检测手段更全面,检测范围更广。检测机器人能弥补无人机检测的不足,实现对桥梁结构近距离甚至结构内部健康状况的检测评估,在工作空间狭窄的环境中更方便。

除此之外,声发射、红外线热成像等先进的桥梁智能检测技术也大幅提高了桥梁检测的精度及效率。虽然它们适用范围有限,应用较少,但给特殊结构及环境下的检测提供了很好的思路,且有良好的检测效果。

2.智能识别与数据分析

针对无人机或机器人采集后的图像和数据,开展图像处理、智能识别及数据分析同样是学者们研究的重点。通过这一过程,能获得更多的有效信息对桥梁健康进行综合评判,得到的结果更客观、高效。

将机器人作为平台,结合图像识别技术,实时分析检测数据,能实现更智能的检测设备的研发。计算机视觉技术是图像处理分析和识别的主要方法之一,其在各领域都得到了广泛应用,但在桥梁健康维护方面还处于起步阶段,其强大的信息处理能力及分辨能力会极大地帮助掌握桥梁服役性能,提高服役寿命。

第八节 计 算 分 析

工程质量的评价是以各种观察、测量、试验检测数据为依据,并对测量、试验检测采集得到的大量原始数据进行科学分析才能完成。

一、计算分析的理论基础

计算分析包括线性代数与矩阵论基础、线性方程组和非线性方程组的数值方法、数值逼近方法(值和拟合、数值积分和数值微分)、线性规划以及无约束和有约束的最优化方法、应用统计方法和实验设计以及数据的处理与分析、智能化数据计算处理方法(人工神经网络的 BP 算法、模拟退火算法和遗传算法)、微分方程组的一些实用算法及程序,运用这些方法来解决工程技术与科学研究工作中所遇到的一些典型问题,主要数学工具软件包括 MAPLE、MATLAB、VISUAL FORTRAN、STATIS-TICA 等。

以 MATLAB 即 Matrix Laboratory（矩阵实验室）为例,MATLAB 主要用于矩阵运算,具有丰富的矩阵运算函数,使之在求解诸如信号处理、系统识别、自动控制、非线性系统、模糊控制、优化技术、神经网络、小波分析等领域的问题时,显得简洁、高效、方便。同时具备强大的绘图功能,可方便地输出复杂的二维、三维图形。

二、数理统计分析方法

在公路路基路面工程质量检验中,通常通过检测一定数量的点位或断面的质量指标,来评价大面积的工程总体质量是否符合要求,即通过抽取总体中的部分样本(个体)加以检测,来了解和分析总体质量状况,也就是抽样检验。按照我国路基路面工程有关施工技术规范和质量检验评定标准规定需要对每个检测或评定路段内的测定值计算平均值、标准差、变异系数等统计量;按照数理统计原理计算检测或评定路段内的测定值的代表值,用代表值来评价总体质量。

质量控制中常用的数理统计方法有直方图法、排列图法、因果分析图法、控制图法、分层法、相关图法和统计调查分析法等。

三、路基路面中数理统计方法检查项目

《公路工程质量检验评定标准　第一册　土建工程》(JTG F80/1—2017)附录 B ~ 附录 S 所列检查项目名称和检验评定方法,规定了压实度、水泥混凝土弯拉强度、水泥混凝土抗压强度、无机结合料稳定材料强度、路面结构层厚度、弯沉值、路面横向力系数等检查项目按数理统计学方法评定。路面容许弯沉、回弹模量等质量指标均需要通过工程的分析与计算得到。

四、桥梁结构计算与分析

桥梁结构计算与分析过程通常分为三个层次：
(1)第一个层次——结构总体设计

在结构总体设计中,考虑的重点是结构总体的力学行为,包括桥梁结构设计过程中及成桥后主梁纵桥向应力的变化过程、主梁高程的变化过程以及结构

的稳定性。这个层次的分析一般采用杆单元建立有限元模型。

(2)第二个层次——局部应力分析

在局部应力分析中,考虑的重点是结构中构件之间的连接节点应力,荷载作用的集中效应,如预应力束(体外索、体内索、斜拉索、吊杆索、主缆索)锚固节点和支撑节点的局部应力分析,桥梁墩台在支座作用下局部应力分析以及塔梁、拱梁、柱梁、弦杆的刚性节点局部应力分析等。这个层次的分析一般采用块体单元建立有限元模型。

(3)第三个层次——结构仿真分析

在结构仿真分析中,有限元计算模型逼近真实结构(即减少计算模型中的简化处理),考虑的重点是模拟各种作用下(如荷载作用、温度作用等)结构的实际工作状态。这个层次的分析一般采用空间梁单元、板壳单元、块体单元和索单元建立有限元混合单元模型。

有限元法(Finite Element Method,简称"FEM")是弹性力学的一种近似解法。首先将连续体变换为离散化结构,然后再利用分片插值技术与虚功原理或变分方法进行求解。

由于工程结构大多数为复杂的组合结构,如房屋建筑、桥梁和隧道结构等大都由成百上千个构件组成,力学特性复杂,合理的建模技术是关键所在。有限单元法可以通过适当选择单元的大小和形状,对几何形状不规则的实体几乎可达到任意的近似,并且可考虑任意形式的外载荷和处理各向异性材料,这些都为有限元法能够用来设计一个好的结构分析模型。

通用有限元分析软件,可适用于桥梁结构、地下结构、工业建筑、港口等结构的分析与设计。针对桥梁结构,MIDAS/CiVil结合国内的规范与习惯,在建模、分析、后处理、设计等方面提供了很多便利的功能,目前已得到较多采用。

桥梁抗震、抗风、抗(防)撞等动力分析技术和桥梁仿真分析和桥梁水文分析与计算结构动力学的任务是确定任何给定的结构形式在任意的动荷载作用下的响应(包括位移响应、应力响应等),其过程称为动力响应分析。动力响应分析与静力分析的不同之处在于以下两方面:一是作用在结构上的外荷载与时间有关,通常称这种荷载为激励;二是结构的响应也与时间有关。

在动荷载作用下,桥梁结构产生的振动会增大按静力计算的内力和可能引起结构局部疲劳损伤,或会形成影响桥上行车的舒适与安全的振动变形和加速度,甚至使桥梁完全破坏。桥梁结构振动,是伴随着外作用输入(车辆动荷载、风力、地震波)和摩擦损耗(材料内摩擦和连接及支承的摩擦),结构体系的变形能量和运动能量相互转换的周期性过程。

抗风可以提高结构的动力性能,使其发生危害的临界风速大于桥址处可能出现的最大风速,从而避免斜拉桥被风吹毁。风力对斜拉桥抗风设计影响最大的是竖向弯曲振动和弯扭耦合振动(又称横向振动)。横向振动是空气作用力和结构物反应间存在相位差而产生的一种发散性振动,常易导致桥梁破坏。

大跨度桥梁抗风设计的目标就是要使涡振或抖振响应的最大振幅限制在避免结构疲劳、人感不适以及行车不安全等问题的可接受的范围内;同时要求发生危险性颤振或驰振的临界风速具有足够的安全系数以确保结构的抗风稳定性。

国内外采用的地震力理论研究的主要是动态效应,这些效应产生于地震作用,也称为地震作用理论。地震响应分析方法则是将地震力理论作为基础,并随该理论发展而发展。结构的相关的震动是在地震作用下随机产生的,所以,结构的地震响应分析相应的也会比较复杂。

反应谱分析法,作为一种动力分析的近似求解方法,既可以把多自由结构分解成多个单自由度体系,还能总结出地震下具有相同阻尼比但具有不同固有频率的单自由度体系的相关位移或加速度以及速度的最大反应。

时程分析法要考虑的因素也是比较多的,地震动本身及结构体系的动力特性要考虑在内,由材料、几何等各构件接触碰撞等引起的非线性特征我们在进行分析过程中也要考虑在内。时程分析法的优点也是比较明确的,概念明确、能反映频谱、振幅及持续时间等地震动三大要素对结构地震响应影响,运用相应的计算对于已输入地震波作用下无论哪个时刻结构的内力和变形都可以求出来。综上所述,与静力法和反应谱法相比,动力时程分析法是一种更为精确的结构地震响应分析方法。

桥涵水文分析与计算包括:河流水文资料的调查搜集整理与计算,推算出桥涵所需要的设计水位和流量,拟定出桥长孔径、桥高和基础埋置深度。由于桥位所处的地理位置不同以及其他复杂因素,包括天然的和人为因素,如潮沙、泥石流、修水库、开挖渠道等,调查搜集洪水流量的计算方法各有不同。

五、隧道衬砌的受力分析与计算

隧道工程的力学特点是:荷载的模糊性;围岩物理力学参数难以准确获得;围岩-支护结构承载体系复杂。

(一)隧道结构体系的计算模型

(1)以工程类比为主的经验设计法。

(2)以现场量测和试验为主的实用设计法。包括收敛-约束法、现场和实验室的岩土力学试验、应力(应变)量测以及实验室模型试验。

(3)荷载-结构模型方法。围岩-结构相互作用,例如弹性地基圆环,矩阵位移法等。亦可称为荷载-结构法。

荷载-结构模型又称为传统的结构力学模型,它是以支护结构作为承载主体,围岩对支护结构的变形起约束作用的计算模型。

(4)岩体力学模型方法。包括解析法和数值法两种主要的方法。由于解析法只能考虑简单理想的工况,目前它已逐渐被数值法所取代。数值法以有限元法为主,这种模型亦可称之为连续介质力学法。

目前我国常用的隧道结构计算是第(3)和第(4)种方法。

(二)隧道结构上的荷载及其类型按其性质可以区分为两大类

(1)主动荷载是主动作用于结构、并引起结构变形的荷载。

(2)被动荷载是因结构变形压缩围岩而引起的围岩被动抵抗力,即弹性抗力,它对结构变形起限制作用。具体的荷载分类可参考现行《公路隧道设计规范 第一册 土建工程》(JTG 3370.1)。

(三)隧道的荷载模式

根据对荷载的处理不同,隧道荷载大致有如下三种模式:

1. 主动荷载模式

此模式不考虑围岩与支护结构的相互作用,支护结构在主动荷载作用下可以自由变形。它主要适用于软弱围岩没有足够的能力去约束衬砌变形的情况,如采用明挖法施工的城市地铁工程及明洞工程。

2. 主动荷载加被动荷载模式

该种荷载模式认为围岩不仅对支护结构施加主动荷载,而且由于围岩与支护结构的相互作用,还对支护结构施加约束反力。这种模式能适用于各种类型的围岩,只是所产生的弹性抗力大小不同而已。应用中,该模式基本能反映出支护结构的实际受力状况。

3. 实际荷载模式

采用量测仪器实地量测作用在衬砌上的荷载值,这是围岩与支护结构相互作用的综合反映。切向荷载的存在可减小荷载分布的不均匀程度,从而改善结构的受力情况。但是,实际量测到的荷载值,除与围岩特性有关外,还取决于支护结构的刚度以及支护结构背后回填的质量。因此,某一种实地量测的荷载,只能适用于与其相类似的情况。

第九节 其他技能

监理工程师在具备多专业的技术、经济、管理等知识基础上,还要拓展相关专业技能,比如:标准规范如何使用;交通行业对工地试验室、监理试验室管理要求;公路工程试验检测计量管理等知识;要树立智慧工地、绿色工程等意识。

一、《中华人民共和国标准化法》和交通行业标准体系

现行《标准化和有关领域的通用术语 第一部分:基本术语》(GB/T 3935.1)中对标准的定义是:为在一定范围内获得最佳秩序,对活动或其结果规定共同的和重复使用的规则、导则或特性的文件。该文件经协商一致制定并经一个公认机构的批准。它以科学、技术和实践经验的综合成果为基础,以促进最佳社会效益为目的。

按照《中华人民共和国标准化法》定义:标准(含标准样品)是指农业、工业、服务业以及社会事业等领域需要统一的技术要求。

标准包括国家标准、行业标准、地方标准和团体标准、企业标准。国家标准分为强制性标准、推荐性标准,行业标准、地方标准是推荐性标准。强制性标准必须执行,国家鼓励采用推荐性标准。

2020年1月6日国家市场监督管理总局颁布了《强制性国家标准管理办法》(国家市场监督管理总局令第25号)。2020年交通运输部发布了关于印发《公路工程建设标准管理办法》的通知(交公路规〔2020〕8号)、关于印发《水运工程建设标准管理办法》的通知(交水规〔2020〕12号),细化了行业标准管理内容。

为保证现代综合交通运输体系建设,加强和改进交通运输标准化工作,促进铁路、公路、水运、民航、邮政等各种运输方式深度融合和协调发展,交通运输部、国家标准化管理委员会编制了《交通运输标准化体系》并于2017年4月17日发布。

交通运输行业按照不同领域、不同专业已形成比较完善的技术标准体系,如《综合交通运输标准体系》《铁路行业技术标准体系》《公路工程标准体系》《水运工程标准体系》《民用航空标准体系》《邮政业标准体系》等,以及各专业标准化技术委员会编制的技术标准体系。

交通运输标准化体系包括标准化政策制度体系、技术标准体系、标准国际

化体系、实施监督体系和支撑保障体系 5 个部分,覆盖交通运输各领域标准化工作全过程。

建设类标准又可分为:基础标准、通用标准和专用标准。使用现行有效的经过批准的规范标准是做好技术监理工作的技术依据。

二、交通行业工地试验室管理要求

(一)工地试验室

公路水运工程工地试验室是工程质量控制和评判的重要基础数据来源,是工程建设质量保证体系的重要组成部分。公路水运工程建设项目,建设单位应在招标文件、合同文件中明确工地试验室所需的检测能力、人员、仪器设备配备要求,督促中标单位保证工地试验室的投入,加强对工地试验室的检查。

按照《公路水运工程试验检测管理办法》(交通运输部令 2019 年第 38 号)要求,凡是取得公路水运工程试验检测机构等级证书的检测机构,均可设立工地临时试验室,承担相应公路水运工程的试验检测业务,并对其试验检测结果承担责任。工程所在地省级交通质监机构应当对工地临时试验室进行监督。工地试验室设立实行登记备案制(经建设单位初审后报送项目质监机构登记备案)。同时工地试验室实行授权负责人责任制。

设立工地试验室的母体试验检测机构,应当在其等级证书核定的业务范围内,根据工程现场管理需要或合同约定,对工地试验室进行授权。工地试验室应在母体试验检测机构授权的范围内,为工程建设项目提供试验检测服务,不得对外承揽试验检测业务。

(二)监理工地试验室

为了保证对施工全过程实施质量监控,监理工程师在合同签订后、工程正式开工前这段时间内,必须建立一套科学的、行之有效的质量检测系统,必须配备必要的试验、测量设备,即成立监理试验室。

监理试验室按不同监理层次分工负责、讲求实效、节约资源的原则设立,监理试验室分总监办中心试验室和驻地办试验室。总监办中心试验室以试验为主,驻地试验室以现场抽查检测和试件制备为主。

监理试验室的基本试验工作包括验证试验、标准试验、工艺试验、抽样试验与验收试验。

监理机构按照合同约定建立监理中心试验室、驻地试验室,试验室选址应充分考虑工程安全、环保、质量等管理的要求,且确保交通便利等外界因素。

监理机构按监理合同约定建立工地试验室并完成以下工作:按合同约定配备试验检测仪器设备,并符合规定要求;工地试验室母体机构出具设立工地临时试验室授权书;做好试验检测仪器设备的检定校准工作;要按照使用要求进行仪器设备的计量确认;办理工地临时试验室资质备案相关申请手续;完成工地临时试验室资质备案登记工作。

三、公路工程试验检测计量管理

(一)仪器设备管理依据

《中华人民共和国计量法》《中华人民共和国计量法实施细则》要求使用合格的计量器具。

按照《公路水运工程试验检测管理办法》(交通运输部令2019年第38号)要求,检测机构应当建立严密、完善、运行有效的质量保证体系。应当按照有关规定对仪器设备进行正常维护,进行定期检定与校准。

交通水运行业的仪器设备的管理和技术指标应符合《公路工程试验检测仪器设备服务手册》《水运工程试验检测仪器设备检定校准指导手册》以及《交通运输部门计量检定规程管理办法》(交办科技〔2021〕81号)要求。

(二)公路工程试验检测计量管理

(1)按照《检验检测机构资质认定能力评价 检验检测机构通用要求》(RB/T 214)规定,检验检测机构应配备满足检验检测活动的设备和设施,包括满足抽样、物品制备、数据处理与分析要求的设备和设施。其功能、量值范围和准确度均应满足申请检验检测能力的要求。

与设备相应的设施是指正确实施检验检测所需的基础设施,包括固定设施、临时设施和移动设施。设施的技术性能应满足相关标准或者技术规范的要求[可参考《检验检测机构管理和技术能力评价 设施和环境通用要求》(RB/T 047)]。

(2)检验检测机构应建立相关的程序文件,描述检验检测设备和设施的购置、验收、安全处置、运输、存储、使用、维护等规定,防止污染和性能退化。同时,加强检测机构的内务管理,对检验检测场所的安全(主要涉及:化学危险品、毒品、有害生物、电离辐射、高温、高电压、撞击、溺水、有毒及易燃易爆气体、火灾、触电事故等)和环境(主要涉及:废气、废液、粉尘、噪声、固废物等)的评价,应符合法律法规并以检验检测标准或者技术规范提出的要求为依据[可参照《检验检测机构管理和技术能力评价 建设工程检验检测要求》(RB/T 043)]。

(3)对检验检测结果有显著影响的设备,包括辅助测量设备(例如用于测量环境条件的设备),检验检测机构应制定检定或校准计划,确保检验检测结果的计量溯源性。

交通行业的仪器设备按照《公路工程试验检测仪器设备服务手册》《水运工程试验检测仪器设备检定/校准指导手册》要求进行管理。根据仪器设备量值溯源的具体方式,仪器设备分类一般用Ⅰ类、Ⅱ类和Ⅲ类表示。

针对交通行业不断增加的大量利用车载和计算机信息化技术手段进行数据采集与分析的检测方法的自动化设备、智能化仪器设备,可以采取标准物质验证、比对的措施进行校准,证明自动化设备的校验结果的真值误差、重复性和稳定性均满足要求,符合交通运输部计量检定规程相关规定。

四、智慧工地

智慧工地是智慧地球理念在工程领域的行业具体体现,是一种崭新的工程全生命周期管理理念。

智慧工地是指运用信息化手段,通过三维设计平台对工程项目进行精确设计和施工模拟,围绕施工过程管理,建立互联协同、智能生产、科学管理的施工项目信息化生态圈,并将此数据在虚拟现实环境下与物联网采集到的工程信息进行数据挖掘分析,提供过程趋势预测及专家预案,实现工程施工可视化智能管理,以提高工程管理信息化水平,从而逐步实现绿色建造和生态建造。

智慧工地将更多人工智能、传感技术、虚拟现实等高科技技术植入到建筑、机械、人员穿戴设施、场地进出关口等各类物体中,并且被普遍互联,形成"物联网",再与"互联网"整合在一起,实现工程管理与工程施工现场的整合。

智慧工地建设关键要素:互联网+劳务的管理、器械管理、材料管理、方案与工法管理、生产与环境。

智慧工地整体架构可以分为三个层面:

(1)第一个层面是终端层,充分利用物联网技术和移动应用提高现场管控能力。通过 RFID、传感器、摄像头、手机等终端设备,实现对项目建设过程的实时监控、智能感知、数据采集和高效协同,提高作业现场的管理能力。

(2)第二层就是平台层。通过云平台进行高效计算、存储及提供服务,让项目参建各方更便捷地访问数据,协同工作,使得建造过程更加集约、灵活和高效。

(3)第三层就是应用层,应用层核心内容应始终围绕以提升工程项目管理这一关键业务为核心,因此 PM 项目管理系统是工地现场管理的关键系统之一。

BIM 的可视化、参数化、数据化的特性让建筑项目的管理和交付更加高效和精益,是实现项目现场精益管理的有效手段。

五、绿色工程

绿色工程是指充分应用现代科学技术,在工程建设中加强环境保护,发展清洁施工生产,不断改善和优化生态环境,使人与自然和谐发展;使人口、资源和环境相互协调、相互促进,建造质量优良、经济效益长久、具有较高的社会效益、有利于维护良好的生态环境和无污染的建设工程。

绿色工程以环境友好为目标,强调国家和地方的可持续发展、环境保护及资源高效利用;意在创造一种对自然环境和人类社会影响最小,利于资源高效利用和保护的新施工模式。推进绿色施工往往会增加工程施工成本,但是,绿色施工引起的工程项目部分效益的"小损失"换来的却是国家整体环境治理的"大收益"。

第四章
交通运输工程监理工程师的职业素养

交通运输工程监理工程师要完成对工程施工质量、安全、环保、费用和进度等实施的监督管理及咨询服务活动,除了要掌握专业的学科知识和技术,还必须学习与掌握一定的经济、组织管理和法律等方面的理论知识,具备丰富的工程建设实践经验,更重要的是具备较好的职业素养。

第一节 职业道德

职业道德是指在一定职业活动中应遵循的职业行为准则和规范,反映一定的职业特点,调整一定的职业关系,是与人们的职业活动紧密联系的,符合职业特点所要求的道德准则、道德情操与道德品质的组合。不同的职业有不同的职业道德标准。

监理工程师的职业道德,既是对监理人员在职业活动中行为的要求,同时又是监理职业对社会所负的道德责任和与义务。监理单位作为独立的第三方,承担着工程建设的质量、安全、环保、进度、费用等方面的责任,对工程建设起着不可忽略的作用。监理工程师如不履行岗位职责,不履行职业义务,不恪守职业道德,将对工程建设造成很大的影响。为此,监理人员在施工监理过程中应本着"严格监理、优质服务、公正科学、廉洁自律"的原则,遵循以下职业道德准则。

一、遵纪守法,诚实守信

监理工程师作为交通运输工程建设的主体之一,需要遵守国家法律法规和交通运输部的各项制度及行业公约,讲信誉,守承诺,坚持实事求是,公开、公正、公平、诚信地开展监理工作。

坚持严格按照施工合同要求实施对工程项目的监理,当监理工作涉及建设单位和施工单位双方合法利益时,应按照合同约定,在授权范围内实事求是地进行处理,敢于坚持原则、敢于碰硬,既要保护建设单位的利益,又要公平合理地对待施工单位。

保守商业秘密,对需要保密的工作要严格保密,不泄露工程建设各方认为需要保密的事项,不泄露技术情报,维护企业的商业利益,树立良好的职业形象。

二、严格监理,优质服务

监理工程师需要忠实履行职责,履行工程建设监理合同所承担义务和约定的责任,依据职责开展监理工作。严格执行有关工程的法律、法规、标准、规范、规程和制度,按照技术标准、施工规范、设计图纸的要求,提供专业化服务,保障工程质量和投资效益,提高服务水平,维护业主权益和公共利益。忠于职守、严格把关,监理工程师在本人执业活动中形成的工程监理文件上签章,并承担相应责任,对自己签认的工程质量终身负责。

三、爱岗敬业,恪尽职守

爱岗敬业是社会主义职业道德规范的基础,维护公众利益是社会主义职业道德的根本原则。工程监理的一个特点是具有服务性和公正性,在监理活动中,监理工程师要热爱监理事业,履行岗位职责,做好本职工作,自觉履行维护社会公众利益的职业责任,维护行业信誉,保证建设工程项目质量合格、安全。

四、廉洁自律,维护形象

监理工程师从事监理业务要规范执业行为,做到"五不得":不得同时受聘于两个或两个以上单位执业,不在多家监理单位注册或从事监理业务;不得允许他人以本人名义执业,严禁"证书挂靠";不得以个人名义承揽监理业务或接受任何其他商业性委托;不得在同一项目中既做监理又做施工单位的商业咨询;不得在建设和施工各方之中做中间交易人。

廉洁自律既是对监理工程师的约束,又是对监理工程师的要求。坚决抵制金钱物质诱惑,不谋取不正当利益。不与被监理方就工程承包、工程费用、材料设备供应、工程变更、工程质量等业务活动在私下商谈谋取不正当利益。不利用职权向被监理的承包人介绍施工机械、设备、材料及供应商。不向被监理的承包人介绍工程分包人和参与工程分包。不推荐施工队伍、劳务队伍在本工程中分包、转包。不干预施工方自主经营及工作安排。不接受有关单位和个人行贿或馈赠礼金、有价证券、支付凭证或贵重礼品,不接受任何回扣、提成,拒绝任何名义上的加班费和各种形式的礼金、礼品;不接受施工单位、材料供应商及相关单位邀请的影响公正执业的各种宴请和娱乐活动。不利用职权安排直系亲属及主要社会关系在自己监理的管段内工作。不在与行使自己职权有关系的单位(或个人)报销应由本人及配偶、子女支付的个人费用。

监理工程师还要积极抵制不正之风,树立自己的廉洁形象。在工程工序交验过程中不故意刁难承包人,不利用职权要求承包人提供合同以外服务。严格按照合同文件及相应的验评标准要求进行检验,做到公平、公正、合规、合法。对于工程数量复核、变更等,公正、实事求是地进行处理,既不损害业主的利益又能使承包人的利益不受到侵害。不做有损建设单位利益和影响监理公正履职的事情。

五、加强学习,提升能力

当前面对建设市场发展趋向信息化、高技术的趋势,监理工程师要努力学习专业技术和监理知识,不断更新知识,提高业务能力和工作水平。积极参加专业培训,取得监理工程师注册证书的人员,应当按照国家专业技术人员继续教育的有关规定接受继续教育,更新专业知识,适应行业发展的需要,不断提高业务能力。

第二节 职业能力

职业能力是人们从事某项职业的多种能力的综合,即完成一定职业任务所需的品格、知识和技能的要求,以及专业能力范畴以外的职业核心能力。一定的职业能力是胜任某种职业岗位的必要条件,精通性是职业能力的最显著特征。它要求从业者有较高的专业素养,熟知工作流程中任何一个环节,能够在工作过程中快速发现并合理解决问题以达到良好的工作效果。就某个具体专业而言,其必然包含基础职业能力和专业职业能力,前者范围较宽,后者要求较窄。

交通运输工程建设具有鲜明的行业和专业特色,点多、线长、面广、跨省市、跨地区,建设周期长、投资大、涉及专业多、施工条件复杂等等。监理工程师身处交通工程建设一线,是工程质量的守护者、安全生产的监管者和风险隐患的排查者,他们的职业能力和专业知识直接关系公共安全和人民生命财产安全。一项质量优良的工程是建设单位、监理单位、设计单位共同追求的目标。监理单位在建设过程中扮演着关键、重要的角色,这个关键作用在于监理是基于第三方的角度对项目的工程质量和安全生产状况作出独立的判断和专业化的指导服务。

综合来说,一名合格的交通运输监理工程师应该具备以下五种职业能力。

一、了解方针政策与法律法规

监理工程师应了解我国交通运输工程建设方针政策、法律法规、规章和实施细则,了解合同文件、设计文件、有关质量检验与控制的技术法规文件等。这是由于工程建设监理的主要内容是进行建设工程的合同管理,监理应当依据合同委托和监理规范,控制工程建设的费用、工期和质量,并协调建设各方的工作关系。工程建设监理强调合同管理,发挥监理工程师对建设工程项目的质量、投资、进度、目标控制等方面的专业化管理作用。无论是监理工程师协助项目法人组织招标工作、签订合同,还是进行合同管理都涉及诸多法律、法规和规章,如:《中华人民共和国招标投标法》《中华人民共和国合同法》《中华人民共和国价格法》《中华人民共和国劳动法》《建设工程质量管理条例》等。只有了解了以上这些方针政策、法律法规,才能在监理工作中做到招标文件内容合法、招标过程合法、合同签订合法、处理合同问题合法、解决合同争议的原则和方法合法。

二、熟悉与掌握标准规范

监理工程师要熟悉国家和地方常用的规范和标准,时刻关注国家出台的新标准、新规范,熟悉有关技术标准、规程、规范、有关合同法规和监理企业的质量体系文件,掌握施工规范、监理规范和验评标准相关内容,熟悉施工过程中监理资料的形成,知晓监理程序和监理实施细则,熟知现场每道工序的施工方法和质量要求,并能贯彻执行和有效落实。

三、较高的专业水平和实践经验

作为从事工程监理活动的骨干人员,应当掌握交通运输工程建设方面的专业理论,只有具有较高的理论水平,知其然并知其所以然,才能在解决实际问题时能够透过现象看本质,保证在监理过程中抓重点、抓方法、抓效果,举一反三,从根本上解决和处理问题。同时还应具有一定的施工管理经验,熟悉工程图纸、施工工艺和施工设备,充分掌握各工序控制要点,熟悉施工工艺的具体要求和质量验收标准,否则必然影响工程进度和质量。

四、掌握新技术

随着社会的发展,科学技术的不断更新,各种新型材料和设备大量涌现,一些新工艺和新技术也得到广泛应用。一个优秀的监理工程师应该懂得与时俱进,有开阔的视野,及时地了解并为之所用。在保证质量和进度的前提下,最大程度地节省材料或简化施工工艺,同时要了解工程质量的检测方法及有关应用软件。

五、独立判断处事的能力

监理工程师作为受业主委托参与监督管理的第三方,既不属于业主方,也不属于承包商。监理单位应建立与业主的沟通协商制度,及时充分地了解业主对监理的意图和要求,并建立与承包商的沟通协商制度,及时充分地掌握承包商设备工程活动的动态,及时了解承包商需要解决的问题和需要提供的信息与技术资料。

这就需要监理工程师在进行监理活动时,能从实际出发,以事实和数据为依据,从复杂的现象中抓住事物的本质和主要矛盾,公平公正地处理施工过程中的各项问题,使问题能圆满解决;有决断应变能力,组织协调能力,能够听取不同方面的意见,独立冷静地分析问题,并逐渐地积累其自身的工程实践经验。

第三节　职　业　规　范

职业规范也被称为工作规范,是从业人员进行职业活动必须遵循的标准和准则,是维持职业活动正常进行或合理状态的成文和不成文的行为要求。职业规范是具体职业活动中所形成的带有行业特点的行为准则,鲜明地表达了本行业的职业义务。职业规范不会自发形成,要成为一名合格的职业规范实践者,需要经历一个从理解职业规则到养成职业行为习惯和职业信仰的过程。监理工程师应认可、尊重和敬畏其职业规范,以此引导和约束个人的职业行为。

一、牢记责任目标

监理工程师应严格履行监理合同中约定的监理义务,一般情况下,至少要履行一份主要合同,即与项目业主的合同,合同中说明了工程项目主要的质量目标、工期要求、环保要求等。监理工程师要清楚自己的处境,对外、对内的身份和责任,要将责任目标常记于心,并且要让每一位职工记在心中,落实在行动中。努力学习业务、技术规范、技术标准,熟悉设计文件,认真做好监理日志,接受政府交通运输主管部门和质量安全监督部门的管理和监督检查。

在建设项目管理中,如认为建设单位的判断或决定不可行时,应书面向建设单位提出建议和劝阻。当监理认为正确的判断和建议被建设单位否决时,应向建设单位说明可能产生的后果。当证明监理的判断是错误时,要勇于承认错误,及时更正错误。在建设项目建设中,如建设单位提供的产品质量有些部分具有模糊性,这就需要监理工程师站在职业道德的高度上来认真履行合同,严格按照合同办事,要认真分析问题,找出解决问题的途径。

二、熟悉环境和项目

熟悉项目所处的环境及工程本身的特点、难点,有利于监理工程师后期管理工作的顺利开展。对项目所处的自然环境、所在地域的人文地理、风俗习惯;项目执行的规范、标准;检测和试验手段、验收程序;项目业主、项目经理的经历、公司的特点都要了解清楚。

另外,要十分清楚该项目的特点、难点是什么。每一个项目都有其关键的线路,在整个项目施工过程中要始终予以关注。每一个项目都有制约工期、质量的问题,有些表现在技术方面,有些表现在外部环境、资金等方面,监理工程师必须时刻心中有数,狠抓项目的特点、难点,并在解决措施上小心、慎重。

三、虚心听取专家意见

为了减轻项目管理过程中的重大失误,监理工程师可针对不同的项目请教相关有经验的专家、顾问,最好能在准备工作开始之前开展这项工作。一些监理工程师在开工前请专家顾问对项目进行诊断、对后期管理进行策划的做法值得推广、学习。

专家关于设备配置、选型、平面布置、施工工序、土料场、石料场等的建议,都是他们经验和智慧的结晶,对项目管理意义重大。监理工程师如果不重视前期准备工作、广泛听取专家建议,将导致项目在进行中可能产生诸多问题,甚至返工,既浪费时间又浪费金钱。

四、严抓质量与安全

工程质量的好坏,是承包商业务信誉的主要表现形式,作为监理工程师,应经常关注施工质量问题。首先,要熟悉技术标准,要求各工种严格按技术标准的规定进行施工。这是保证工程质量的根本环节。对于技术标准中不清楚或互相矛盾的地方,或施工图纸与技术标准不符之处,应及时要求相关方予以澄清。其次,要对施工过程中的检查验收工作进行详细记录,严格管理验收证明文件。对质量问题(事故)的具体数据和处理措施,应收集保存所有相关文件作为结算、索赔的证据,也是竣工总结的重要资料。

五、控制工程成本

在施工过程中实际的成本开支往往与投标报价时的成本有相当的出入,这是正常现象。监理工程师的任务,是及时掌握和分析发生成本超支事项的原因,并迅速采取补救措施。

首先熟悉标书文件中的成本组成部分,对直接费用和间接费用中的大宗支出项目予以特别注意,定期向项目的财务主管人员了解实际开支情况。

其次,对费用超支的事项,立即进行分析研究,并采取有效措施防止继续超支,力争整个工程项目的计划成本不超支。如果有的成本开支超过计划,其原因是业主方面的责任时,则应按合同约定,及时提出施工索赔要求,以弥补不可避免的成本超支。

第四节 职业素质

职业素质是对社会职业了解与适应能力的一种综合体现,其构成通常包括以下几个方面:思想政治素质、道德素质、科学文化素质、专业技能素质、身体素质、心理素质。

我国正从制造大国向制造强国转变,需要更高素质的技术技能人才支撑中国制造创新驱动、质量为先发展。因此,追求卓越、精益求精、用户至上的工匠精神在职业素质结构中的地位越来越重要。

交通建设监理是一种集约型、高智能型的综合监管工作,知识密集、技术密集,对从业人员的技术水平、业务能力、敬业精神、职业道德等综合素质要求高。监理行业的业务具有综合性、复杂性,涉及范围广,主要围绕工程项目的管理,同时结合多学科、多专业技术、工程经济、管理、法律知识等,能够对工程建设进行监督管理,提出指导性意见。这就要求监理行业及监理工程师的职业素质高、职业资格条件也相应地高。监理业务需要一大批高素质、高技能、协调控制能力好、专业知识扎实、实践经验丰富的复合型人才来工作,因此,监理工程师应具备以下素质。

一、正确的价值观和法律意识

首先要树立为国家、为人民服务的思想理念,热爱监理工作,有高尚情操、强烈的责任心和使命感,有乐观向上的职业目标,要时刻以敬业的精神去服务项目。

监理工程师要有法律意识,必须遵纪守法,自觉遵守、执行有关工程建设的法律、法规、相关政策,恪守职业道德和从业规范,诚信执业,主动接受有关主管部门的监督检查,加强行业自律。

二、严谨的工作作风

监理工程师要贯彻执行"严格监理、优质服务、科学公正、廉洁自律"的监理方针,坚持"公正、科学、诚信、自律"的监理原则,认真履行监理职责。以高度的责任心、严谨的工作态度独立判断分析,科学、合理地按程序办事,按标准、法规、规范解决问题。做到严格监理不教条、热情服务不越位、秉公办事循职责、一丝不苟抓质量。在遵循科学、客观、严谨、公正原则的同时,发扬兢兢业业、脚踏实地、吃苦耐劳的优良传统,推崇创新,弘扬工匠精神。

三、良好的团队协作精神

具有良好的团队协作精神是一个监理工程师素质的重要方面。具体来说,就是以积极主动协作的精神管理好工程项目,为业主提供良好的服务;监理工作往往是由多个监理工程师协同完成的,监理工程师的协作精神就显得尤为重要,因为每位监理工程师的工作成果都与其他监理工程师的工作有密切联系,任何一个环节的错误都会给整个监理项目带来严重后果,因而每位监理工程师都必须确保自身监理工作质量,并对自己的工作成果负责,团结协作、相互支持、形成合力才能确保整个监理项目的成果。

四、扎实的专业知识和技能

交通建设具有鲜明的行业和专业特色,如建设周期长、投资大、涉及专业多、施工条件复杂等。监理工程师身处交通建设一线,是工程质量的保障者、安全生产的监管者,他们的专业知识和专业技能直接关系公共利益和人民生命财产安全。

监理工程师要具备扎实过硬的多学科专业知识,包括技术、经济、管理、法律等方面的知识,至少熟练掌握一门(道路、桥梁、隧道等)专业知识,结合现阶段公路市场环境及监理行业现状,复合型监理人员的培养是项目监理工作需要,对小型工程监理项目尤显突出。鉴于小型工程项目监理费用较低,不可能按各专业进行人员详细分工,现场监理人员应既懂质量管理业务知识,还要具有安全、环保管理业务知识。

只有具备了各方面的知识以及丰富的实践经验,才可能对工程建设中遇到的问题进行预测和防治,从而达到节约成本、缩短工期、保障质量的目的。同时重要的是,还要有积极进取的学习精神,具备持续学习的意识和能力,与时俱进,提高自身专业知识、技术水平,以适应不断的变化。

五、较好的工作方法与组织能力

监理工作是复杂的、多关系的,建设工程监理服务要体现服务性、科学性、独立性和公正性,就要求承担监理工作的监理工程师不仅要有一定的工程技术专业知识和较强的专业技术能力,而且要具备起草相关文件和监理要求的写作能力,较强的语言表达能力以及良好的工作方法,能够准确地综合运用专业知识和科学手段,做到事前有计划、事中有记录、事后有总结,建立较为完善的工作程序、工作制度。

较好的工作方法和善于组织协调是体现监理工程师工作能力高低的重要因素,监理工程师要有一定的组织、协调、控制和管理的能力,遇事懂得如何应对,认真听取工作中的不同意见,有良好的包容性,既要有原则性又要有灵活性;善于通过别人的工作把事情做好,实现投资、进度、质量目标的协调统一。

六、有丰富的实践经验

监理工程师的业务主要表现为工程技术理论与工程管理理论在工程建设中的具体应用,因此,实践经验是监理工程师的重要素质之一。一般来说,一个人在工程建设领域工作的时间越长,经验就越丰富;反之,则不足。所以,世界各国都很重视工程建设实践经验。在考核某个单位或某一个人的能力时,都把经验作为重要的衡量尺度。英国咨询工程师协会规定,入会的会员年龄必须在38岁以上。新加坡有关机构规定,注册工程师必须具有8年以上的工程结构设计实践经验。我国在监理工程师注册制度中规定,具有工学、管理科学与工程类专业大学本科学历或学位,从事工程施工、监理、设计等业务工作满4年,方可参加监理工程师的资格考试。当然,若不从实际出发,单凭以往的经验也难以取得预期的成效。

七、健康的体魄和充沛的精力

交通运输工程监理是一种专业化的技术服务,也是体力劳动和脑力劳动的结合,虽然以脑力劳动为主,但是为了胜任繁忙、严谨的监理工作,监理工程师也必须具有健康的身体和充沛的精力。尤其在建设工程施工阶段,施工现场往往是条件艰苦,大多露天作业,工期紧迫、业务繁忙,加之工作量非常大,更需要有健康的身体和充沛的精力去投入到工作之中。我国规定年满65周岁的监理工程师就不再予以注册,主要就是考虑监理从业人员身体健康状况的适应能力而设定的条件。

第五节 职业规划

交通运输工程监理工程师需要根据自身的实际情况,制定明确的职业规划,包括职业资格、业绩积累、能力提升等,以便更好地规划和实现个人的职业发展目标,还需要始终保持对行业发展敏锐的判断力,不断提升综合素质和专业技能,为职业发展打下坚实的基础。

一、职业资格考试

监理工程师是指经全国统一考试合格,取得监理工程师资格证书并经注册登记的工程建设监理人员。原交通部早在1990年就开展了公路水运工程监理工程师资格评审工作。2003年,根据国务院清理行政审批工作要求,改为实施公路水运工程监理工程师从业标准管理,并于2004年起组织全国统一考试,全国已有8万多人取得公路水运工程监理工程师资格,这支队伍在交通建设发展中发挥了非常重要的作用。2016年,根据职业资格改革工作统一部署,交通运输部报经国务院公布取消了公路水运工程监理工程师资格,并按照先取消、后纳入的工作思路,会同有关部门推进制度建设工作。2017年公布的国家职业资格目录中,交通运输部是监理工程师职业资格的实施部门之一。

交通运输工程监理工程师职业资格考试有4门科目,包括2门基础科目和

2门专业科目,其中《建设工程监理基本理论和相关法规》《建设工程合同管理》为基础科目,《建设工程目标控制》《建设工程监理案例分析》为专业科目。在专业科目中,又分为《建设工程目标控制(公路工程)》《建设工程目标控制(水运工程)》《建设工程监理案例分析(公路工程)》《建设工程监理案例分析(水运工程)》,专业科目对应的教材用书,由交通运输部职业资格中心组织编写。交通运输工程监理工程师职业资格考试原则上每年举行一次,分4个半天进行。考试成绩实行4年为一个周期的滚动管理,考生在连续的4个考试年度内通过全部考试科目,即可取得监理工程师职业资格证书。

国家对监理工程师职业资格实行执业注册管理制度。取得监理工程师职业资格证书且从事工程监理相关工作的人员,经注册方可以监理工程师名义执业。住房和城乡建设部、交通运输部、水利部按专业类别分别负责监理工程师注册及相关工作。经批准注册的申请人,由住房和城乡建设部、交通运输部、水利部分别核发《中华人民共和国监理工程师注册证》(或电子证书)。

监理工程师执业时应持注册证书和执业印章。注册证书、执业印章样式及注册证书编号由住房和城乡建设部、交通运输部、水利部统一制定。执业印章由注册监理工程师按照统一规定自行制作。住房和城乡建设部、交通运输部、水利部按照职责分工建立监理工程师注册管理平台,保持通用数据标准统一。住房和城乡建设部负责归集全国监理工程师注册信息,促进监理工程师注册、执业和信用信息互通共享。住房和城乡建设部、交通运输部、水利部负责建立完善监理工程师的注册和退出机制,对以不正当手段取得注册证书等违法违规行为,依照注册管理规定撤销其注册证书。

二、个人业绩积累

注册专业的许可是在审查申请人所学专业(教育背景)、职称专业、相关专业类别工作经历和工程业绩的基础上给予的。因此,当申请人的所学专业(教育背景)和职称专业对其申请的注册专业不支持时,申请人应提供所从事相关专业类别工作经历和工程业绩的证明材料,作为其申请该工程类别注册许可的依据。主要包括以下内容:一是简要介绍自己的基本情况,如现任职称、任职时间、毕业学校、政治面貌、现从事的专业技术工作、担任哪些社会职务;二是自己政治思想、工作态度、履行岗位职责情况;三是详细叙述自己任职以来从事的专业技术工作,即主持的课题、课题进展、有哪些创新、取得哪些突破、通过哪类鉴定、获得什么奖励、专家的评价;四是发表的论文;五是获得的奖励。

三、职业提升规划

职业生涯是发生变化的动态过程,职业规划又称职业生涯规划,是指客观认知自己的能力、兴趣、个性和价值观,发展完整而适当的职业自我观念,个人发展与组织发展相结合,在对个人和内部环境因素进行分析的基础上,深入了解各种职业的需求趋势以及关键成功因素,确定自己的事业发展目标,并选择实现这一事业目标的职业或岗位,编制相应的工作、教育和培训行动计划,制定出基本措施,有效提升职业发展所需的执行、决策和应变技能,使自己的事业得到顺利发展,并获取最大程度的事业成功。

监理工程师如何做好发展规划,可以采用下述的个人规划四步法。

(1)分析自己的性格和兴趣。每个人的性格都是不同的。有的人性格外向,善于言谈,人际关系能力强;有的人则性格内向,忠厚老实,喜欢独立地去思考问题;有的人对事情执着,遇到挫折不气馁;有的人则脆弱,容易被失败击垮;有的人喜欢挑战性的工作,压力越大斗志越旺盛;有的人则喜欢安定平稳的生活,不能忍受过大的压力……准确分析自己的性格,一方面便于找到适合自己的岗位,另一方面可以提醒自己在工作中注意克服性格的不足。在职业选择时,不仅需要了解自己的性格,还需了解自己的兴趣,兴趣的差异是人们选择职业的重要依据。

(2)分析自己掌握的知识、技能。每个人都有自己擅长的知识、技能。有的人喜文,有的人喜理;有的人动手能力强,有的人操作能力弱;有的人思想跳跃跨度大,有的人逻辑思维能力强……分析自己学习过和掌握的知识技能,罗列出哪些是自己精通的,哪些是自己熟悉的,哪些是自己的弱项。然后再分析自己所从事的工作,胜任岗位要求需要具备哪方面的知识和技能,结合自己的实际,确认自己和岗位相吻合的条件以及不足之处,如果不具备岗位要求的知识和技能,就要通过各种方式的学习来提高自己这方面的知识和技能。

(3)分析自己掌握的或能够调配的资源。这里的资源不但包括金钱,还包括自己在社会上的人脉。俗话说得好"有多大的能力办多大的事",也就是说要尽可能去做力所能及的事情。如果从事一项工作,不可能所有的事情都是自己擅长的,如果碰到自己不擅长的事情,就要想自己能够调动的资源,自己的同学、朋友、亲戚中,有谁擅长此类事情或从事过相关行业,自己就可以去取经,直接掌握问题的关键点,避免工作中走弯路。

(4)锲而不舍、坚定职业发展自信。世上没有不劳而获的事情,任何人的成功都不是偶然的,一定有了很长时间的积累,一定具备了一定的实力才能成功。

能否创出一番事业，取决于你的努力程度。所以，认准了既定的目标，一定要锲而不舍、坚持不懈地走下去，不管遇到什么挫折，都不要放弃，同时一定要有计划、有步骤地学习，在书本上学习，在实践中提高，练好内功不断充实自己，增强自己的实力，只有这样，才能获得成功。

监理工程师一般的发展路径为监理员→专业监理工程师→总监代表→总监等。这是一个漫长的过程，随着监理工程师职业发展的需要，所需知识和技能也从专业技术为主向专业技术和管理知识复合过渡，因此不同职业阶段要确认自己的岗位职责和自己不足之处，努力补充与监理工程师相关的知识和业务技能。也就是说，要想在监理工程师职业上有所成就，就需要以锲而不舍的精神走下去。

第五章
交通运输工程监理工程师的职业环境

在我国建设交通强国的时代背景下,交通运输工程监理行业将迎来更多的就业机会和职业发展空间,分析和了解当前的职业发展环境,有助于监理工程师更好地做好自己的职业规划。

第一节 当前交通运输工程监理行业的发展环境

2021年12月,国务院印发《"十四五"现代综合交通运输体系发展规划》,明确了现代综合交通运输体系发展的主要任务之一是构建高质量综合立体交通网。未来,交通运输工程监理行业将迎来一个管理标准逐步规范、行业整合不断深入、技术发展不断创新、智慧化管理全面覆盖的发展新契机。

一、建设"交通强国"带来的诸多利好

交通运输事业是兴国之利器、利国之基石、强国之先导。2019年9月,中共中央、国务院印发了《交通强国建设纲要》,建设交通强国这一重要战略机遇为交通运输发展带来诸多利好。加快经济结构优化升级、制造业和服务业迈向中高端,消费结构不断升级,新型城镇化加速推进,为交通运输转型发展集聚了新优势;提升科技创新能力带来新机遇,我国科技支撑条件今非昔比,市场需求持续旺盛,制度优势无比强大,前沿领域科技发展具备良好基础,为交通运输提质增效增添了新动能;深化改革开放带来新机遇,全面深化改革不断激发市场活力,全面开放新格局正在形成并向纵深发展,为交通运输持续健康发展创造了新空间;加快绿色发展带来新机遇,生态文明建设的推进力度、实践深度前所未有,绿色发展方式和生活方式加快形成,为交通运输可持续发展开辟了新路径。

二、"走出去"战略带来的新机遇

从战略发展角度分析,我国大规模工程建设阶段已经过去,市场需求多样化发展阶段正在或即将到来,国家经济发展进入了新常态,监理企业转型升级将是未来发展的主题。

随着我国经济实力的不断增强,我国在世界发展格局中的作用日益凸显,在话语权、影响力逐渐提高的同时,我国工程承包市场亦成为国际大市场的重要组成部分,是国际大循环的重要力量。我国建设监理与国际接轨是大势所趋,必行之路。

实施"走出去"的发展战略和引进国外先进技术和企业是必然趋势,中国监理行业在当今的世界里,必须"走出去"承揽业务,否则无法做大做强。因此,我国监理行业要逐步实现与国际管理惯例接轨,部分有条件的企业要完成向项目管理企业和咨询企业的转变。

参与全球经济治理体系变革带来新机遇,国际事务话语权和影响力不断提升,外部环境向于我有利的方向发展,为交通运输提升全球通达能力提供了新契机。这些趋势性变化,在加速集聚并形成势头,为交通运输发展涵养了旺盛的需求,打开了崭新的局面。

与此同时,在"一带一路"倡议的引领下,抓住机遇期,利用国家不断扩大对外投资的机遇,积极实践"走出去"的战略意图,为监理企业以"走出去"的方式加速实现转型升级和最终实现企业的国际化目标奠定基础。

三、管理从微观转向宏观

随着中国特色社会主义经济的发展,交通建设监理具有多项市场化经济、技术和管理方面的职能,并相应得到有效加强。监理制度建立之初是以政府管理为中心的管理体制,随着市场经济的发育完善和市场信用体系的建立健全,政府将逐步退出具体而微的事务性管理工作,充分发挥市场经济规律自身的调节作用。政府在退出微观经济事务管理的同时,将会加强宏观政策的研究,重点放在界定违法违规行为,制定相关法律法规、并切实做好监管、严格依法行政,为行业发展提供一个良好的政策环境、公平竞争的环境。党的十八大以后,中国的改革进入攻坚期和深水区。政府对建设监理的管理进一步从微观转向宏观,重点放在政策引导上。监理对交通工程建设中的市场行为的监督与管理,是政府通过政策调控市场的有力支撑。

四、监理制度仍将坚持

近年来监理行业的改革已经拉开大幕,强制性监理的范围也正在逐步调整。发改委取消部分项目的强制性监理,交通运输部提出了只要有相当数量的持证监理人员就不用招标,建设单位直接自行监理,全国多地也相应出台文件,明确部分工程项目不再实施强制监理制。

尽管当前我国还保持强制监理政策,但如果一旦取消强制监理,监理企业就必须走出政府的保护,进入完全的市场化竞争。同时社会对监理的素质要求也将越来越高,越来越需要高素质且具有综合能力的复合型管理人员:既是技术方面的专家,能够在工程中分析问题、解决问题;同时又是管理方面的专家,善于协调工程各方面的关系,优化项目实施组织。监理企业必须要能提供满足业主需求的服务才能生存发展,因此,监理企业对自身内部的人员要求也越来越高。

2015年4月13日,交通运输部印发《关于深化公路建设管理体制改革的若干意见》,其中第四部分专门对改革监理制度做了论述,重申"监理制度必须坚持",并明确在发展中不断完善这项制度,更好地发挥监理的作用。

第二节　行业发展对监理工程师职业发展的影响

2023年3月,交通运输部、国家铁路局、中国民用航空局、国家邮政局、中国国家铁路集团有限公司联合发布《加快建设交通强国五年行动计划(2023—2027年)》,计划中提出到2027年党的二十大关于交通运输工作部署得到全面贯彻落实,加快建设交通强国取得阶段性成果。面对"新时代、新征程",交通运输工程监理工程师应始终保持进取的心态,主动拥抱新事物,了解、学习、掌握新业态,致力于为交通运输工程建设提供高质量服务。

一、新的发展格局

随着政府简政放权各项措施的出台,监理行业的改革也进入"深水区"。我国工程监理行业企业数量众多、普遍规模偏小。按照市场经济发展规律,充分发挥市场在资源配置中的决定作用,优胜劣汰,工程建设行业即将迎来新的洗牌和格局,可以预料的是监理企业之间的竞争更趋于白热化,这就是我国监理企业当前所面临的形势和困境。

有专家指出：监理企业不能再同质发展，要按市场需求结构、监理企业功能结构和企业类型结构，实现差异化发展，形成多层次、多领域、知识密集型、智力密集型、特色服务型与劳动密集型、现场监督型企业相结合，形成特点不同，服务能力互补的企业功能和类型结构。随着市场需求的变化以及国家行业政策的出台，监理企业必将出现分化，由于市场服务需求的不同，现有监理企业的发展方向也将形成多层次、多领域的格局：一是继续从事施工阶段的监理企业；二是在施工阶段的监理基础上，向两头延伸，即在建设工程勘察、设计、保修等阶段提供服务活动的监理企业；三是在以上两者的基础上，根据工程咨询的市场需求，向建设单位（业主）或者雇主（客户）的工程建设项目决策和管理提供咨询活动（包括前期立项阶段咨询、勘察设计阶段咨询、施工阶段咨询、投产或交付使用后的评价、招标代理咨询、工程造价咨询及实施管理等工作）的智力型服务企业。

随着政治、经济体制改革的深化，以及 BIM 等新技术的快速涌现和 PPP 等建设模式的飞速发展，传统模式下各司其职、各行其是、各负其责的观念和模式已不适合目前高速发展的市场核心要求，项目策划、投资咨询、工程造价、运维管理等相互融合和渗透，自律性质的资信评价取代资质管理，工程建设行业即将迎来新的洗牌和格局，也势必给咨询、勘察、设计、监理、招标代理、造价等企业带来深刻的影响。

市场需求的不断扩大和众多企业的竞争参与，是工程监理行业不断发展与提高的推动因素之一。按照市场需求多样化的规律，积极扩展监理服务内容，在工程建设项目中实施全方位、全过程监理将成为我国监理行业走向辉煌的必经之路。与此同时，实施"走出去"的发展战略和引进国外先进技术和企业是必然趋势。因此，我国监理行业要逐步实现与国际管理惯例接轨，部分有条件的企业要完成向项目管理企业和咨询企业的转变，做好与国际知名企业同台竞争的准备。

基于目前工程监理咨询类企业的现状，未来市场主力将会呈现两极发展：一头是鼓励龙头企业采取整合、合作、并购重组等方式发展全过程工程咨询，做优、做强；另一头是大量专业精准、特色鲜明的中小监理咨询企业提升单项专业能力，做专、做精、做细。未来企业应该是围着市场转，围着信用转，而不是围着资质转，将来企业的"长板"才是特色，而所谓的"短板"将被更为灵活的市场资源配置机制所弥补。国家简政放权的大趋势是淡化企业资质、强化个人执业。

在面临更多的机遇以及转型的要求、企业呈现多元化发展趋势的状况下，除了需要更多的政策支持引导和市场培育外,唯有选择好自己的市场定位和战略,定义清晰的人力资源管理,大力强化自身能力建设,突破思维和管理的局限,才能适应新的竞争格局。

二、向全过程服务转变

从战略发展角度分析,我国大规模工程建设阶段必然过去,政府和社会关注的主要矛盾也会发生转移,市场需求多样化发展阶段正在或即将到来,国家经济发展进入了新常态。随着市场经济的不断发育完善,固定资产投资体制改革的不断深入,法人责任制的深度贯彻落实,未来业主对项目投资回报的日益重视,业主们更关心的将是投资效益问题,或者说更关心的是如何实现工程建设投资、工期、质量、建设规模等多目标之间的最佳组合,从而最大限度地发挥建设项目投资的综合效益。因此未来建设监理的工作重心将逐步转移到如何用有限的资源(工程投资、工期等)去实现最佳的目标(工程质量、合理的建设规模),工程监理将更多的是根据业主的需求提供相应的技术、管理、咨询等服务,服务形式将更多样化。只有这样才能体现其存在的价值,才能拥有旺盛的生命力。由此可见,监理企业转型升级将是未来发展的主基调。

早在 2014 年 9 月,交通运输部召开全国公路建设管理体制改革座谈会,时任副部长冯正霖在讲话中提出重点要深化六个方面的改革,其中包括"改革工程监理制,促进监理行业转型发展",引导监理回归"工程咨询服务"的本质属性,鼓励扶持和引导监理企业逐步向代建、咨询、可行性研究、设计和监理一体化等方向转型。2015 年 4 月 13 日,交通运输部出台《关于深化公路建设管理体制改革的若干意见》(交公路发〔2015〕54 号),明确提出创新项目建设管理模式,调整完善监理工作机制,引导监理企业逐步向代建、咨询、可行性研究、设计和监理一体化方向发展。这些政策和文件的相继出台,描绘了未来建设行业的发展方向。

"代建+监理"模式是指代建单位在代为履行项目业主职责的同时,履行监理职责,是专业管理团队受项目法人委托实施建设项目管理工作,同时也承担项目工程监理的新型项目管理形式。该模式不但能够精简人员,节约管理费用,还能够提高办事效率,缩短工作流程,还可有效解决项目法人与监理单位之间的职能交叉、职责不清的问题,减少项目法人与监理之间的磨合期,充分发挥代建管理的社会化、职业化、专业化优势,实现专业的人做专业的事,有效提升工程管理质量,实现项目管理的集约化,也为监理企业的升级转型提供了新思路。

2015年5月,交通运输部公布《公路建设项目代建管理办法》(交通运输部令2015年第3号),提出代建单位具有监理能力的,其代建项目的工程监理可以由代建单位负责,承担监理相应责任,为"代建+监理"一体化建设管理新模式的实践提供了政策支撑。

全过程工程咨询即建设单位(或投资方,下同)根据工程项目特点和自身需求,将项目建议书、可行性研究报告编制、项目实施总体策划、报批报建管理、合约管理、勘察管理、规划及设计优化、工程监理、招标代理、造价控制、验收移交、配合审计等全部或部分业务一并委托给一个全工程咨询企业。全工程咨询企业可以根据建设单位授权,在相应的工程文件中代表建设单位签章。

由于监理服务见证了工程项目实施的大部分过程,相比勘察、设计、造价等单位,对工程现场情况相对更为熟悉和了解,能较好地控制工程质量和安全,协调工程进度控制,与项目参建各方均有一定的关联,具备协同管理的基础,监理企业转型发展全过程工程咨询服务自然有其独特优势,监理企业向全过程工程咨询企业转型是现阶段监理行业重要的变革之路之一。但全过程工程咨询涵盖投资咨询、勘察、设计、监理、招标代理、造价等内容,由于历史原因,大多数传统工程监理企业的业务范围较为狭窄,多集中在工程施工阶段的质量控制上,在资质、人员、业绩等方面的"先天不足",成为获取全过程工程咨询新项目的一大短板。

目前全过程工程咨询正在被政府所积极推动,其发展速度也必将按照政府的引导和市场需求快速推进,监理企业转型是现阶段监理行业重要的变革之路,监理企业正在尝试向"代建+监理"模式,全过程工程咨询转型,未来智力密集型、技术复合型、管理集约型将成为其特色标签,又好又快发展的关键在于人才,尤其是创新型专业技术人才,更强调个人的执业能力,对监理工程师的素质要求越来越高,需要同时具备设计单位的设计能力,建设单位的管理能力和监理单位的监理能力,既是技术方面的专家,能够在工程中分析问题、解决问题;又是管理专家,善于协调工程各方面的关系,把握和处理项目实施过程的风险。

作为产业链上重要一环的工程监理企业,如何在国家转型升级创新发展的政策引导下抓住契机,发挥自身潜在优势和能力,破除发展理念的局限和工作模式的路径依赖,特别是在跨越式发展过程中,大多存在和面临队伍规模不断扩大,管理难度不断加大的情况,人才队伍建设如何满足并适应企业转型发展的需求,是新形势下所面临的一个新课题。

在竞争激烈的大环境下,监理行业步入高质量、高科技、高智商阶段,最终使得面临转型升级的监理企业,成为国家所盼、业主所需的咨询管理型与现场监督型相结合的工程咨询服务类企业,也将使得处于其他咨询环节的竞争者参与到监理工程师的行列之中,加剧这一行业从业者之间的竞争烈度。人才队伍作为业务承揽的基础保障,将成为现阶段监理企业发展的重点工作。因此,监理企业在变革转型过程中亟待开展人才培养工作,着重加强对监理工程师的继续教育培训,提升综合素质,不断更新知识技术,从而使业务水平的发展道路更加顺畅。同时,也要求监理企业要借鉴国外企业优秀的管理经验与技术,不断提高监理人才的综合素质和国际化水平。

三、高质量发展提出的要求

交通运输行业是社会发展、国民经济发展的基础性产业和先导性产业,多年来,伴随着公路建设特别是高速公路和农村公路的跨越式发展,工程监理为推动项目管理向专业化、社会化、现代化模式转变,为保障公路建设持续快速发展、保证工程质量安全发挥了重要作用。

目前我国正在大力推动高质量发展,交通发展已经由主要依靠增加物质资源消耗向依靠科技进步、行业创新和资源节约环境友好转变,工程监理行业是典型的技术密集型行业,从本质上看,监理企业的技术能力是由具备一定专业水平和技术能力的人才借助技术手段形成的企业核心竞争力,而在现阶段监理行业中,监理费率限制了监理人员整体素质的提升,难以吸收、聚集高素质人才,与工程项目要求相匹配的高素质监理人才相对匮乏,许多监理工程师的专业技能以及知识没能达到需求。部分工程监理人员不仅缺少工作经验与监理资历,其行为也会受到主观意识的影响导致诚信意识淡漠,责任心不强,损害了监理的权威和声誉,因此在交通建设监理行业未来发展中,人员的素质问题要放在首要的位置。

全面提升公司的技术能力,其根本是培养掌握和具备使用技术能力的技术人才,企业最终的核心竞争力是由复合型技术人才体现的。因此,在人才队伍的建设上就需要形成人才的全阶段开发和科学配置机制:从员工进企业的第一天开始到他离开企业的那一天为止,都要接受思想素质、专业技术和法律合同等方面的培训,建立一支思想作风硬、专业技能精、职业道德好、合同意识强、检查督促勤和工作效率高的监理队伍;并根据个人特长和培训结果动态调整员工的岗位,以便充分发挥各类员工的聪明才智和积极性、创造性,使每一位员工在公司各司其职、各得其能,各尽所能,实现其人生价值。

四、行业加强执业资格的管理

根据《住房城乡建设部 交通运输部 水利部 人力资源社会保障部关于印发〈监理工程师职业资格制度规定〉〈监理工程师职业资格考试实施办法〉的通知》(建人〔2020〕3号)规定,国家对监理工程师职业资格实行执业注册管理制度;取得监理工程师职业资格证书且从事工程监理相关工作的人员,经注册方可以监理工程师名义执业。

交通运输工程监理工程师是代表工程建设单位对建设项目的工程质量、工程进度、投资控制以及合同管理、安全管理等进行监督的具体参与者和实施者,是建设单位和承包商之间的桥梁,是保障交通运输安全发展的关键因素,其工作内容关系人民群众生命财产安全和社会公共利益。交通运输部负责制定交通运输工程专业监理工程师注册管理办法。

结合交通工程建设实际,交通运输工程监理工程师,是指经全国统一监理工程师(交通运输工程)职业考试合格,取得中华人民共和国监理工程师职业资格证书,并经注册后从事公路、水运工程监理及相关业务活动的专业技术人员。

交通建设工程监理工程师注册分为公路工程和水运工程两个专业类别。其中,公路工程专业类别含道路与桥梁、隧道工程、公路机电工程3个注册专业;水运工程专业类别含港口工程、航道工程、水运机电工程3个注册专业。

交通运输工程监理工程师在申请办理注册专业时,根据当时报名考试的专业类别(公路工程、水运工程)及从事公路、水运工程监理相关工作,选择确认注册公路工程或水运工程专业类别。其中,选择注册公路工程专业类别的,可以从道路与桥梁、隧道工程、公路机电工程3个注册专业中,选择注册2个专业;选择注册水运工程专业类别的,可以从港口工程、航道工程、水运机电工程3个注册专业中,选择注册2个专业。

交通运输工程监理工程师注册条件:一是已取得交通运输工程监理工程师职业资格;二是只受聘于一个从事交通运输工程监理及相关业务活动的单位;三是没有不予注册的情形(不具有完全民事行为能力的;实名认证信息与职业资格信息不一致的;属于"挂证"行为的;受到刑事处罚且尚未执行完毕的;法律、法规规定不予注册的其他情形)。只要符合注册条件的人员,均可申请办理注册。

监理工程师依据职业资格开展工作,在其本人工作成果上签字盖章,并承担相应责任。对不履行监理工程师义务、有重大工作过失的监理工程师,根据认定的事实、性质和情节,应分别处以警告、暂停执业活动、吊销注册证书等,造成损失的依法追究其责任。

取得监理工程师注册证书的人员,应当按照国家专业技术人员继续教育的有关规定接受继续教育,更新专业知识,提高业务水平。交通运输工程监理工程师的注册管理(变更等)按交通运输部相关规定执行。

第三节 监理工程师的职业风险

监理工程师的职业风险主要在于责任风险,造成监理工程师责任风险的原因是复杂的、多方面的,有些风险来自监理工程师本身,如行为责任、工作技能和职业道德;有些风险来自工作环境,如技术资源和组织管理;有的风险则来自社会环境。从监理的工作特征来分析,监理工程师所承担的风险可归纳为如下六个方面。

一、行为责任风险

监理工程师的行为责任风险来自四个方面:

一是监理工程师未按照合同约定的监理范围与授权开展监理工作,甚至超出了合同约定的工作范围,并直接或间接造成了相关联的经济损失,或造成社会不良影响的,因此承担相应的责任。如对于工程中某些涉及需要由设计者或其他专业技术人员确认的内容,若监理工程师利用自身的权力单方面指令承包商进行相应的作业,而工程因此发生了损失,则必须承担相应的责任。

二是监理工程师未能正确地履行监理合同中约定的职责,在工作中发生失职行为。例如,对于工作中该进行检查的项目未作正确检查或不按规定进行检查,因此而使工程留下隐患或造成损失,就必须为此承担失职的责任。

三是监理工程师由于主观上的无意行为未能严格履行自身的职责并因此而造成工程损失。例如,由于疏忽大意,对某些该实行检查或监督的项目未进行相应的检查监督,或者虽然进行了检查监督,却未发现隐患,并因此造成了工程的损失,监理工程师同样要负相应的责任。

四是监理工程师由于个人行为造成自身安全事故或者对他人造成伤害的。

二、工作技能风险

监理工程师所提供的服务,是基于自身专业技能的管理、技术或咨询服务。因此,在同样的工作范围及权限内,不同的监理工程师提供服务的成效可能大不相同,这与监理工程师本身所掌握的专业技能有关。尽管监理工程师履行了监理合同中业主委托的工作职责,但由于专业技能的限制,可能并不一定能取得应有的效果。例如,对于某些需要专门进行检查、验收的关键环节或部位,监理工程师虽按规定进行了相应检查,其程序和方法也符合规定要求,但并未发现本应该发现的问题或隐患,只是由于无法发现施工过程中存在的问题,无法制定相应的预控措施,原因是他在某些方面的工作技能不足。尽管主观上他并不希望发生这样的过错。还有由于语言表达能力、组织协调能力和沟通能力较弱,无法落实相关的监理措施和工作协调;由于巡视不到位,导致部分环节管理遗漏;由于验评标准和监理规范掌握不准,致使工序验收流于形式;由于综合能力不足,导致威信力下降,进而导致施工现场管理力度不足,造成失控局面。

目前,我国监理公司的监理人员,有的来源于设计、施工单位的工程师、技术人员,这些人虽然之前有设计和施工的实践经验,但他们往往偏重专业知识,对经济、管理等方面的综合性知识比较欠缺,难以把握全局,不能胜任全过程、全方位的工程监理咨询工作。有的是大专院校毕业生,这些人虽然具有一定的专业知识,但缺乏专业实际工作能力、实践经验和现场协调能力,难以承担重任。另外,如今的工程技术日新月异,新材料、新工艺层出不穷,并不是监理工程师都能及时、准确、全面地掌握所有的相关知识和技能,这也属于工作技能风险。针对此项,一方面监理单位应加强培训教育工作,另一方面监理工程师要通过学习,不断提高提升监理业务技能工作水平,从而降低这一方面带来的风险。

三、技术资源风险

即使监理工程师在工作中并无行为上的过错,仍然有可能承受由技术、资源而带来的工作上的风险。某些工程质量隐患的暴露需要一定的时间和诱因,利用现有的技术手段和方法,并不可能保证所有问题都能及时发现。另外,由于人力、财力和技术资源的限制,监理工程师无法对施工过程中的任何部位、任何环节都能进行细致全面的检查,因此也就可能面对技术资源的风险。

四、组织管理风险

尽管监理工程师的素质不断提高,但如果管理机制不健全,监理工程师仍然可能面对较大的风险。这种管理上的风险主要来自以下三个方面:

(1)监理单位和监理机构之间的管理约束机制。由于监理工作的特殊性,项目监理机构往往远离监理单位本部,在日常的监理工作中,代表监理单位和工程有关方面打交道的是总监,总监的工作行为对监理单位的声誉和形象起到决定性的作用。一方面,监理单位必须让总监有职有权,放手工作,才能取得总监负责制应有的效果。另一方面,监理单位对总监的工作行为进行必要的监督和管理同样是非常重要的。监理单位和总监之间应该建立完善、有效的约束机制。

(2)项目监理机构的内部管理机制。监理机构中各个层次的人员、职责分工必须明确,沟通渠道必须有效,有明确的管理目标,合理的组织机构,细致的职责分工,有效的约束机制,是监理组织管理的基本保证,如果总监不能在监理机构内部实行有效的管理,则风险仍然是无法避免的。

(3)技术支持风险。监理工作是一个团队的行为,项目监理机构的监理能力、监理水平不仅是现场监理部、项目总监的能力、水平体现,也是监理企业综合能力的体现。对一些重大、敏感甚至是边缘性技术问题,监理企业应当有能力整合相关技术资源,及时给予现场监理工作必要的支持,否则会使现场监理工作陷入极大的被动或尴尬局面,给监理企业的信誉、监理的权威带来损失,甚至留下质量隐患。

五、职业道德风险

监理工程师作为高素质的专业技术人才,一般都接受过良好的教育并具有丰富的实践经验,监理工程师在运用其专业知识和技能时,必须十分谨慎,表达自身意见必须明确,处理问题必须客观、公正。同时,必须廉洁自律,洁身自爱,勇于承担对社会、对职业的责任,在工程利益和社会公众的利益相冲突时,优先服从社会公众的利益;在监理工程师的自身利益和工程利益不一致时,必须以工程利益为重。如果监理工程师不能遵守职业道德的约束,敷衍了事,回避问题,甚至自私自利,为谋求私利而损害工程利益,必然会因此而面对相应的违法犯罪风险。

六、社会环境风险

监理工程师工作的对象和内容客观上决定了监理工程师需担负非常重大的责任。因为工程项目投资巨大,且与社会公众的切身利益密切相关,一旦损害发生,涉及的经济额度很大,并可能造成人身伤亡等重大事故。近年来,监理得到了前所未有的重视,社会对监理工程师寄予了极大的期望,这种期望,无疑对建设监理事业的继续发展产生积极的推动作用。但在另一方面,人们对监理认识也产生了某些偏差和误解,在社会上相当一部分人认为,既然工程实施了监理,监理工程师就应对工程质量负责,工程出了质量问题,首先向监理工程师追究责任。应当明确的是,监理工程师的工作是委托性、咨询性的,是代表业主方进行工作的,推行监理制对提高工程质量、保证施工安全是起到积极作用的,但是监理工程师的工作不能替代承包商来担保工程不出现质量和安全问题。

工程质量的好坏、造价的高低以及工程建设周期的长短都与社会公众,特别是消费者的利益密切相关。取消强制监理后,监理行业就必须走出政府的保护,进入完全的市场经济,市场化之后,政府对于工程质量、安全的重视程度加大,强化了。作为监理工程师,必须对监理责任险有一个全面、清晰的认识,必须加强风险意识,提高对风险的警觉和防范,从而有效地规避可能面对的责任风险。针对上述监理工程师责任风险的来源,可以考虑从以下几个方面着手:

(1)严格执行合同。这是防范监理行为风险的基础。监理工程师必须树立牢固的合同意识,对自身的责任和义务要有清醒的认识,既要不折不扣地履行自身的责任和义务,又要注意在自身的职责范围内开展工作,随时随地以合同为处理问题的依据,在业主委托的范围内,正确地行使监理委托合同中赋予自身的权利。

(2)提高专业技能。专业技能是提供监理服务的必要条件。努力提高自身的专业技能是监理工程师所从事的职业对自身提出的客观要求。监理工程师绝不能满足现状,必须不断学习,总结经验,提高自身的专业技术功底,锻炼自身的组织协调能力,防范由于技能不足可能给自身带来的风险。

(3)提高管理水平。监理单位和监理机构内部的管理机制是否健全、运作是否有效,是发挥监理工程师主观能动性、提高工作效率的重要方面,也是防止管理风险的重要保证。因此,监理单位必须结合实际,明确质量方针,制定行之有效的内部约束机制,尤其是在监理责任的承担方面,更需要有一个明确的界定。监理单位的监理义务最终需落实到监理工程师身上。损失实际上是由具体的监理工程师造成的,但是由监理单位对业主承担相应的赔偿义务,因而在监理单位内部,总监与监理机构其他成员应承担什么样的责任,同样应该制定明确,这对于提高监理工程师的工作责任心是十分必要的。

(4)加强职业道德约束。要有效地防范监理工程师职业道德带来的风险,需要解决三个方面的问题:一是需要对监理工程师应该遵守的职业道德做出明确的界定。目前我国在这方面的工作显得较为粗糙、薄弱,虽然对职业操守作了一些定义,但缺乏实际上的操作性。二是需要在此基础上,加强对监理工程师的职业道德教育,使遵守职业道德成为监理工程师的自觉行动。三是需要健全监督机制,监理行业协会应该在这方面发挥积极作用。

第四节 国际项目对监理工程师的要求

了解国际工程项目对监理工程师的要求,比较国内外的差别、取长补短,有助于我国交通运输工程监理工程师综合素质的提升。

一、国际项目的特点

国际承包工程地处海外,地理环境、法律法规、风土人情等与国内截然不同,工程项目具有"一次性"的特点,决策难度较大。

由于工程承包公司总部或上级部门对国外项目可控性较差,因此要充分发挥现场监理部的作用。受到各方面条件限制,当国外项目出现问题时,国内总部派遣工作组支援的频次和力度均受限制,监理工程师是对项目实施直接、有效管理的唯一监管机构,也是国际承包工程公司在该项目的重要代表,是项目执行过程中一系列活动的主要决策人员,是项目能否顺利完成、达到预期目标的关键人物。

二、国际项目中应具备的基本素质

监理工程师作为一种高智能的管理、咨询人才,既要有专业知识,又要具备工程管理经验,同时还要求具有良好的职业操守。欧美国家的监理工程师,都是按严格的程序认定的。

作为一名国际工程承包施工的监理工程师,要具备一些基本的素质,才能胜任工作:

(1)有项目所在国或类似国家的工作经验,有同国际工程咨询公司交往的经历,工程的工期、造价、质量等因素决定了工程项目是"一次性"的,要进行修改或重复是要付出巨大的代价。所以监理工程师有无经验至为关键。

（2）作为监理工程师,必须熟悉工程所在国有关的法律、法令,了解有关的税收、海关、交通、签证、工作许可条件等规定,通晓所在国人民的风俗习惯,熟悉金融和物价市场情况,以减少工作的盲目性,使工程项目得以顺利进行。

（3）能用外语进行工作。能与业主、监理、工程师用英语直接交流,进行合同谈判,有一定的外事活动能力。在遇到分歧意见或合同纠纷时,会沟通双方意见,善于协调解决,防止矛盾尖锐化,避免破坏协作施工气氛。监理工程师用外语直接会谈和联系工作,效率和工作成果可能成倍地提高。

（4）具有相关专业知识,大学本科以上学历,5年以上国内同类工程经历。监理工程师必须是本工程项目专业技术领域的专家,有较厚实的专业基础知识,并有一定的施工经验。

（5）遇事沉着冷静,独立工作能力强。工程项目在施工过程中,监理工程师不能事无巨细地向国内请示汇报,要充分发挥自己的聪明才智,独立自主地解决问题。如遇到重大问题应立即向国内汇报,但同时要有自己的意见。

（6）对外善于处理公共关系。能同业主、项目经理或咨询工程师协同工作,善于坚持原则,形成协调友好的工作关系。能同工程所在国的业务主要部门、税务机关和代理人等保持密切的联系,为工程项目的顺利实施创造条件。善于依靠公司总部和上级部门的领导,主动向领导请示汇报,取得及时的指示和支持。

三、国际项目中应具备的职业能力

国外将工程监理称为业主方,项目管理或工程咨询是以项目建设为对象的全过程、全方位的项目管理活动。要求监理工程师具备以下三个方面的职业能力。

1. 专业技术能力

在国际上,监理是一种高技术服务,因此要求监理工程师具有较高的专业素质,一方面应具备较深的理论水平和丰富的实践经验,另一方面应具备项目策划、项目决策阶段、设计阶段、施工阶段、验收、投保、验收投用、保修阶段监理的全面知识。

在有些发达国家,监理人才高素质化明显,他们能够熟练运用 FIDIC 条款和国际惯例,且精通法律法规,主要表现为熟练运用经济合同法和 FIDIC 编制的条款,尤其擅长项目管理,具有综合的工程管控能力,可进行技术分析,进而解决建设工程项目全过程出现的问题。

国外的工程咨询有两大特点，一是加强以前期控制管理为重点的高智能服务即项目决策设计阶段监理为重点的咨询服务，二是强调事前主动控制为主的高智能服务，如要求监理工程师对工程存在的不合理错误、缺陷，先提出整改意见，主动与设计者、承包商协商，由监理工程师提出设计图纸，并由设计者、承包商确认。高智能的服务要求监理工程师对工程项目建设具有较好的预见性，对工程建设中可能出现的问题进行超前的考虑和预测，并制定相应的控制措施。

2. 合同管理能力

国际工程施工合同是工程项目所有工作的核心和根本，一切工作都必须按照合同条款中约定的业主、监理工程师、承包商的职责、义务和权利执行，监理工程师则根据法律、法规的规定和签订的合同履行工程监理职责。因此，没有全面的相关法律法规知识和通晓国际合同文本的能力，根本无法进行有效的工程管理。

3. 信息管理能力

工程项目监理的对象是项目实施过程中产生的各种信息，其工作过程中是对各种信息进行采集、分析、处理的过程，因而工程管理的最终产品也适用于决策的有关项目。目标控制的信息处理在国际工程咨询监理中占有十分重要的地位。依托先进工程管理软件，构建的工程管理信息系统是工程管理专业技术人员的基本工作手段。国外监理工程师在计算机应用和检验方面，对资讯的收集、处理、传输和应用方面都十分重视。

第五节　我国交通建设工程监理工程师的职业前景

一、行业发展前景看好

虽然我国正处于工业化中期加速阶段，但各行业的建设需求依然巨大，并且随着我国经济体制改革的深化和投资主体的多元化发展，工程项目规模的扩大和复杂程度的加深，市场对工程监理服务的需求日益增长，由此可见，未来我国工程监理行业市场发展仍具有较大潜力。

与此同时，监理行业近些年来的发展始终呈现稳步扩张的趋势，据住建部2019年底所发布的最新统计，截至2018年底，全国有8393个建设工程监理企业,监理企业从业人员 1169275 人,其中监理从业人员 787514 人,累计承揽合同额 5902.42 亿元,其中工程监理合同额 1917.05 亿元。各项主要指标已经连续 3 年实现了快速增长。

当前,推进监理行业标准化、信息化建设,组织行业协会、监理企业研究制定工程监理相关团体标准、企业标准和示范文本,推进 BIM 技术、物联网、人工智能等现代信息技术在工程监理中的融合应用已经成为监理行业发展的重点工作。由此可见,在政策的支持以及行业态势向好的趋势下,未来我国工程监理行业市场规模仍将进一步增大,而这也给监理从业人员的发展带来了更大的发展空间。

二、监理人才需求量大

据估算,全国目前高端监理人才需求在 60 万人左右,而截至 2020 年 3 月,全国注册监理工程师总量为 19 万多人,其中公路与水运监理工程师只有 8 万多人。因此,监理行业依然存在着巨大的人才缺口。

随着交通建设行业的高质量发展,传统的只具备简单管理技能和经验型的监理人员,会逐步被信息化、专业化、职业化人员淘汰,"责任"被赋予更加现实的使命,"经验"升级为综合分析判断能力。随着整体行业吸引力逐步增强,会有一批有较高职业素养、具备跨界知识结构的人才加入进来,人力资源管理将变得越来越重要。只有具备优秀的企业文化、科学健全的管理机制,才能引领一支朝气蓬勃的队伍积极投入到监理的发展之中。

三、职业资格证含金量看涨

准入类职业资格关系公共利益或涉及国家安全、公共安全、人身健康、生命财产安全,必须有法律法规或国务院决定作为依据。准入类资格对牵涉到生命财产以及人身安全的特殊职业必须要求持证上岗,所以俗称"执业资格"。只有当某一专业技术人员的执业资格采用考试方式确认,才说明达到了相应的水平并得到社会的认同。这一资格没有明确等级划分,没有证书就被排除在门外了,"含金量"较高。

监理工程师是指通过职业资格考试取得中华人民共和国监理工程师职业资格证书,并经注册后从事建设工程监理及相关业务活动的专业技术人员。2020 年 2 月 28 日,《监理工程师职业资格制度规定》《监理工程师职业资格考试实施办法》由住房和城乡建设部、交通运输部、水利部、人力资源和社会保障部联合印发。交通运输部原来的公路工程、水运工程等专业合并为交通运输工程专业,作为一个类别增设到监理工程师职业资格制度中,正式纳入国家职业资格制度体系。2022年1月,《国务院办公厅关于全面实行行政许可事项清单管理的通知》(国办发〔2022〕2号)明确将"监理工程师(交通运输工程)注册"纳入法律、行政法规、国务院决定设定的行政许可事项清单。

国家设置监理工程师准入类职业资格,并将其纳入国家职业资格目录,规定凡从事工程监理活动的单位,应当配备监理工程师。这就意味着,监理工程师职业资格证书也就是执业证书,是建设工程监理行业从业人员必备的证书之一,其专业认可度、应用领域和含金量都得到了进一步加强。

第六章

交通运输工程监理工程师的职业实践

我国交通建设监理制度走过30多年的历程,成就了一批优秀企业和个人,他们是质量安全的忠诚卫士和监理行业转型发展的探路人,他们用自己的经历证明了平凡的监理工作岗位也能干出不平凡的业绩。

本章选取2家监理公司、3个监理项目部、2名监理工程师的实践案例,从三个维度一窥交通运输工程监理工程师的工作环境、职业成长等。

第一节 打造企业的人才队伍

A公司有在册员工1800余人,其中博士、硕士270余人,具有教授级高工、高级工程师职称的员工260余人、中级职称员工600余人。公司资产总额达6亿元,年营业收入接近9亿元。纵观他们的发展历程,人才队伍的建设从中发挥了重要的作用。

一、建立人才队伍体系

交通运输工程监理是一项技术服务性工作,对监理人员的管理和技术水平要求较高,可持续发展的人才队伍是企业提升市场竞争力的前提条件。A公司通过制定人才队伍建设体系,以保障各类人才机制的实施,并将人才储备作为企业发展的长远战略规划。

(一)制度保障体系

1. 加强人才工作整体规划

A公司制定印发了《关于加强创新团队与核心人才梯队建设的若干意见》,出台了《科技创新团队建设与管理办法》等,从制度体系上,明确了人才队伍建设的具体目标与措施,形成了加强人才梯队建设的指导意见。根据指导意见,在 A 公司内部组建或优化路面、桥梁、隧道与岩土、试验检测、机电与信息化、安全与应急管理等专家团队。同时,为加快推进科技创新、培育新的业务增长点,提出构建核心技术人才通道的工作思路,通过构建核心技术人才通道,扩宽技术人员发展空间,加强人才工作整体规划。

2.激发人才创新动力

A 公司研究出台了《关于进一步强化权责下放与提高经营活力,加快做强做优做大发展的若干意见》,重点向生产单位下放权责。在人才招聘方面,将项目上市场化招聘人员及确定工资标准的权限下放到各生产单位;在人才管理方面,将项目负责人以外的人员职务任免下放到生产单位研究决策;在薪酬与考核激励方面,破除公司原来按照人员工资系数分配奖金的模式,调整为按照各单位的综合考评,核定各生产单位工资总额后,将考核分配权完全授权下放。企业通过简政放权,向生产单位下放权责,在人才引进、人才管理、薪酬与考核激励方面释放活力,激发生产单位的积极性、主动性和创造性。

(二)人才选拔机制

1.拓宽技术人员发展通道

A 公司是国有交通科技服务企业,技术人才占比达到47%,中层干部却仅有 38 人编制规模。为解决技术人员发展问题,A 公司配套出台了《核心技术人才管理规定》,在管理人员发展通道的基础上,新增设置技术人才发展通道。该通道设置了首席专家、学科专家、一级技术带头人、二级技术带头人、一级技术骨干、二级技术骨干,明确了评审和聘任要求、聘期,并规定年度基本考核任务。目前,A 公司已聘任的包括首席专家在内的 50 人核心技术团队,接近中层干部的规模。核心技术人才聘期为 3 年,满足年度基本考核任务前提下,通过聘任的核心技术人才可实现保底薪酬,有效激发技术人员积极性。

2.优化管理干部选聘机制

为激活管理干部选拔机制,除了常规选聘模式外,结合国企三年制度改革,组织开展管理人员竞争上岗,扩宽选人用人的选拔范围。通过组织开展竞争上岗,营造更加公平、公正、开放的竞争机制,让担当者有位,有为者善为,加大推进管理人员和技术人才年轻化步伐,同时,这一机制也可以进一步探索打通管理和技术人才通道的互动渠道,进一步丰富人才选拔方式。

(三) 人才激励机制

A 公司结合自身人才队伍特点，对经营管理人员和核心技术人才开展差异化考核。对管理干部和一般技术人才，侧重于考核所在单位年度经营指标完成情况，通过签订经营业绩责任书方式明确年度业绩指标，并在开展经营业绩考核后，按责任书约定进行考核清算兑现。对于关键的技术人才，通过考核任期和年度指标，对符合考核条件的技术人员，实施保底薪酬机制，不足部分予以补差兑现。通过不同的考核评价与激励方式，可以更加有效激发广大员工的积极性和创造性。同时，A 公司抓住试点改革契机实施净利润增量激励措施，从净利润增量额度中，提取一定比例用于激励生产单位领导班子及技术骨干，将推动做大企业规模与员工享受企业发展成果直接挂钩起来，近三年对各级骨干人才累计奖励增量总额超过 1000 万元。

(四) 人才引进机制

伴随企业规模的扩大，结合业务发展方向的延伸，以及企业长期可持续发展考虑，引进补强后备人才是企业长期保持核心竞争力的重要方式。自 2019 年以来，A 公司以接收硕博毕业生为主的培养方式强化人才储备，累计引进博士 9 人、硕士 145 人。通过引进补强方式，进一步提升人才学历结构，提高整体专业素质和水平。重点以扩大接收高素质高薪毕业生为主，并配套做好人才培养，更加有利于增强人才的归属感。同时，适当通过社会招聘总监或专家级人才引进，满足紧缺岗位需求，为推动 A 公司高质量发展提供支撑。

二、培养专业技术人才

A 公司通过岗位实践、教育培训等措施，帮助后备人才逐步成长为综合素质过硬，能够担当监理工作使命与责任的监理工程师。

(一) 总监后备人才培养

总监的培养是监理企业人才工作的重点。总监人选必须具有丰富的现场工作经验，较强的组织管理和沟通协调能力，较为严谨的文字表达功底，以及良好的职业操守。A 公司对于总监的培养主要有以下几点：

(1) 加强个人专业技术能力的培养。具有较强的专业技术能力是总监的基本条件，对于总监后备人才应加强专业技术能力的培养，一般会按计划在公司内部进行科研、设计、检测等多方面的业务锻炼，知识面涉及桥隧、路面等专业板块。

(2)多岗位锻炼培养综合管理能力。多个监理岗位的工作锻炼是培养总监的必要途径,特别是总监办工程部长、驻地高监(监理组长)、安全副总监等岗位的锻炼尤为重要。通过多岗位锻炼,使其能够较好地提高沟通协调能力,对监理工作的重点和难点也有比较充分的了解,同时也是考察后备人选是否适合担任总监的重要依据。

(3)培养员工对公司企业文化的认同。A公司的前身是省交通科学研究所,科研技术人员在工作中培养了勤恳、认真、严谨的工作态度,廉洁、公正的执业操守,与监理工作的原则保持一致。A公司自开展监理业务以来,每一代监理人都秉承老一辈的作风,这是公司核心价值观的一部分,只有对公司的价值观高度认同,总监后备力量才能够在工作中坚守,并感染和教育其他监理人员。

(二)专业监理工程师培养

专业监理工程师是监理机构的中坚力量。A公司对专业监理工程师的培养主要有以下几点:

(1)注重专业技术能力的培养,工作中尽可能扩大专业监理人员在各种场合的参与度,编制监理细则时,分工到所有专业监理工程师参与编写、讨论,培养专业监理人员对管理环节、控制要点、指标把握等方面的大局观和综合能力;专业监理工程师必须参加施工技术方案的评审、问题的调查分析和处理方案讨论等,进一步提高问题的处理能力。

(2)注重管理能力的培养,督促专业监理工程师对监理员做好技术交底和工作安排,落实安全生产管理的"一岗双责",协调好内部各项工作。

(3)注重责任心的培养,通过口头或书面汇报、周会议、现场检查等方式,定期或不定期了解专业监理工程师的工作效果,对各种检查发现的工程问题,必须分析是否有责任心不到位的问题存在,并及时纠正。

(三)监理员教育培训

监理员是监理机构的基础力量,是后备总监和专业监理工程师的第一道培养环节。

(1)培养监理员,要先从动手能力培养做起,主要包括识图、审图、用图意识和能力的培养;各种试验动手能力的培养;测量仪器操作和放样数据复核的培养;记录和文字能力的培养;结构复核计算能力的培养等。在工作中,有意识安排复核结构间尺寸的匹配性、各种材料的数量、施工要求与规范的对比;安排到试验室工作一段时间,熟悉各种材料的试验方法和规范性;安排对各种测量仪器的使用和施工方案或施工过程测量数据的复核等工作;安排施工方案中结构计算书的复核计算;安排日常监理工作的记录、监理意见、监理月报的初拟等,这些很多都是零实践基础上开始做,需要摸索、需要请教,通过亲自动手才能学以致用、快速提高。

(2)学习施工企业的"师傅带徒弟"模式。公司实行导师制,毕业生到项目后,由公司统一安排导师(一般都安排总监为导师),制定年度培养计划,将日常工作与培养锻炼相互结合,每年由毕业生写总结报告,导师评价,通过导师的督促指导,使毕业生更易快速上手,也能够较好地理解和掌握监理工作的原则。

(四)技术交底和岗前培训

监理人员的岗前培训包括了公司层面的新员工培训、新项目培训。新员工培训由公司统一组织,主要培训内容是公司的规章制度、公司的企业文化等;新项目培训有公司层面的安全培训和项目内部的综合培训,后者主要内容是项目的规章制度、岗位职责等内容,一般工程开工前或初期统一组织一次,其后进场人员或特殊岗位人员另外组织培训。

技术交底主要针对不同专业、不同工程阶段,主要内容是针对工程专项施工方案,明确监理的控制要点,相关的工作频率与指标要求,记录与报告的要求等。必要时,为了保证对工程的一些特殊施工或控制措施得到落实,专门组织技术交底会,进一步明确控制要点、问题的处理程序和报告制度。技术交底不仅要让相关监理人员掌握施工工艺要点,也要明确监理的控制要点,特别是容易出现质量通病和安全事故的环节和管控要求需要充分交底,才能保证监理工作总体目标的实现。

三、打造多元化的人才结构

为适应交通运输行业发展的趋势和要求,A公司通过不断组织培训学习,制定激励措施来提升监理队伍的服务水平,为企业多元化发展培养人才队伍。

(一)培养代建监理人才

经过30多年监理业务的积累,A公司培养锻炼了一批公路工程监理人才,他们熟悉公路工程建设的全过程,具备参与工程代建的基础条件。为进一步发挥人才优势和监理业务的转型升级,A公司培养监理人员向代建发展,鼓励监理板块开展工程代建。

为此,A公司加强组织学习,学习工程代建的法律法规和工程案例,并组织到省内外代建项目考察取经,特别是向已转型为工程代建的监理单位取经,形成系统的工程代建团队建设计划和开展工程代建的工作方案。

2017年，A公司中标一个代建项目，工程项目总投资14.3亿元，里程8.785km，含一座特大桥。作为代建单位，A公司承担了全线路基、桥梁、路面、交安、绿化等工程的建设管理工作，负责与工程相关政府部门的外部协调、工程设计、招标采购等工作。这一代建项目的尝试，为工程代建锻炼和培养了人才，积累了经验。

(二)培养全过程咨询监理人才

在政策引导、国际环境及各方发展的趋势下，全过程工程咨询必将有一场大的改革与发展。A公司具有设计、咨询、监理、检测、科研等板块，包含了全过程工程咨询的大部分业务，具有一定优势，但仍存在各业务板块发展不平衡，部分专业板块人才不足的问题。为适应新时代发展的要求，A公司培养全过程工程咨询人才势在必行。2019年以来，A公司通过激励措施，大力培养咨询人才，鼓励其考取注册咨询师证书、学习全过程咨询的政策法规，组织专业技术人员参加全过程咨询相关的教育培训工作。目前已将全过程工程咨询人才的培养计划列入了公司发展计划。

(三)培养复合创新型人才

结合国企优势，A公司在监理业务发展上，不断突破，逐步向监理、检测、设计咨询、科技创新业务拓展，持续推进各项业务相互促进，不断向高端服务与高附加值业务方向优化调整，为高速公路管养科技创新、评估咨询服务、决策科学化提供一体化技术支持及服务。为实现这一发展目标，需要有计划地培养复合创新型人才，以人才创新能力建设为核心，以深入服务各业务板块、创新平台为手段，加强优秀人才综合能力提升。A公司已开始通过内部常态化轮岗、项目锻炼培养的方式，着力培养技能精湛的知识型、技能型、创新型的复合型人才。同时，通过"老带新""一对一"跟岗培训等形式，保证优秀人才在短时间内深度掌握具体业务相关知识。

四、人才是企业转型升级的关键

未来，A公司将着力提升监理项目咨询管理的新能力，并加快向高端服务方向优化调整，不断提高一体化综合服务能力，加强公司人才队伍建设是支撑公司转型升级的关键。

(1)战略引领，继续培养领军人才。为促进公司转型升级，及早做好培养和引进可以提高公司竞争力、创新力、控制力、影响力、抗风险能力的创新型、专业化、高层次人才，打造行业一流水平的领军人才队伍。

（2）老中青梯队搭配,培养后备力量。重视青年人才培养支持力度,着眼未来5~20年,把青年人才作为专业领域重点培养对象,为青年科技人才打造有利的成长环境,分层次选拔储备,形成金字塔式人才后备梯队,壮大队伍源泉。

（3）党建引领,打造廉洁公正的监理工程师队伍及全产业链服务的复合型人才。廉洁公正是监理工程师的底线和生命线,通过不断开展党风廉政教育,构建廉洁从业有效机制,形成廉洁文化氛围,以广大党员干部为表率,打造出一支廉洁公正、严格自律、素质优良、专业丰富的监理工程师队伍。

第二节 "以人为本"是监理企业的命脉

B公司现有港口、航道、公路、桥梁、市政、房建、机电、金属结构、自动控制、测量等各类专业人员700多人,其中高级职称超过100人、中级职称近200人,持有交通运输部、住房和城乡建设部等各类职业资格的专业技术人员近600人。从B公司的发展中不难看出,"以人为本"是其不断走出困境的最大法宝。

一、"以人为本"的建企思想

20世纪90年代,全国水运建设市场业务并不饱和,同时我国公路建设的发展步伐稳健,公路工程监理市场化逐步成熟。在这一行业新趋势下,B公司转向公路工程监理市场求发展。

1. 零的突破催生了"以人为本"的建企理念

1998年12月,B公司参加了广西某高速公路项目的投标,由于业务范围的局限性,缺乏公路经验,监理队伍仅以水运为主,各公路建设业主带着质疑的眼光审视B公司监理人。在质疑、担心面前,B公司监理人从人才队伍建设着手,开启了公司的转型发展之路。

在作出"引进一大批专业技术人才,并保证投标文件中安排的技术人员全部到位"等一系列承诺后,B公司中标了第七驻地监理工程师办公室。该项目是公司承揽的第一个高速公路施工监理项目,也是B公司监理人艰难开拓公路监理市场的一个重要里程碑。

因为专业人才的匮乏,各公路建设业主对B公司的公路监理服务能力持半信半疑的态度。在这种情况下,B公司凭借真诚和不懈努力,从接到该项目中标通知书的那天起,就把"以人为本"的理念作为公司的建企思想,贯穿在企业经营的各个环节,成为企业各项决策的出发点和立足点。在这次零的突破中,

"'以人为本'是监理企业的命脉"这一理念深入人心。

2. 项目建设注重"以人为本"

实现公路项目零的突破后,B公司立即招贤纳才,并在投标前提前聘用了一批有工程技术和管理经验的工程师担任专业监理工程师,引进了一批优秀的大中专毕业生作为新鲜血液,组成了一个年龄结构合理、专业分工得当的"公正、团结、高效"的驻地监理办。为了让所有监理人员都能成为"监理工程师",在时任领导的带领下,项目实行工作、学习、生活准军事化管理,实施一套严格的标准化流程,致力将项目监理人员培养成以技术为基础、管理有水平的高素质服务型人才。

该项目从1999年4月开工建设到2002年12月竣工验收,B公司按期保质地完成了承诺书中的工程监理目标,多次受到业主和自治区交通厅等上级部门的表彰及奖励,同时培养了一大批公路建设监理的优秀监理人员。这些人员后来都具备高速公路总监所需的任职资格与能力,在同行中具有竞争力,也为公司成功转型奠定了坚实的基础。

二、广纳人才破解发展难题

人才是企业的生命力,也是监理企业的本钱。在市场竞争中,公司的生存必须依靠全体员工的努力来支持,有项目才会有效益,有效益才能求发展,所以尽可能多地承揽项目是企业面临的首要问题。

随着B公司公路、水运监理业务量的增长,人才不足难以支撑公司在水路两栖上稳健发展,招人难、留人难是企业人才队伍建设过程中亟待解决的问题,更是企业发展的"卡脖子"问题。

1. 广开门路积极吸纳毕业生,保持新鲜血液的注入

一是深入各相关院校进行校园宣讲,"线上线下"并行开展招聘。B公司通过校友、行业主管单位等多种途径联系各大对口高校,到院校设立校招点,宣传工作特点及就业发展环境,增强准毕业生对监理行业和企业的了解,及时补充公司新生力量;二是与对口高校建立校企合作关系,B公司成为院校的毕业实习实训基地,实现企业每年吸收200名左右的毕业生和专业人员,保证公司人才队伍建设所需要的基数,基本满足了人才梯队建设的需要。

2. 灵活引进急缺紧缺人才,培养储备新生力量

进入公路监理市场的初期,B公司邀请到一批优秀总监和富有干劲、闯劲的监理工程师加入,从而摆脱了总监、高监人才不足的窘境。在他们的带领下,

年轻的员工们通过师傅带徒弟的"传、帮、带"实践,得到了专业的引导,有效地提升了实操能力,人才队伍伴随着公司的发展逐渐成长起来。

三、打造富有生命力的人才队伍

B公司各届领导班子无不以培养人才、锻炼人才、发掘人才、蓄积人才作为监理事业发展的根基,以富有人情的关怀、设身处地地代入来关心员工的工作和生活,从而建成了B公司富有生命力的人才队伍。

1. 让员工个人价值得到体现是企业经营之本

员工和公司是互相成就的关系。员工努力工作,为公司创造价值,公司为员工提供机会、资源、空间,帮助他们茁壮成长。监理行业内人员流动频繁,如何留住优秀员工?B公司对此保持动态的关注,定期或不定期组织部门与项目组负责人与员工进行交流,耐心倾听员工的心声,审视制度建设中的可提升空间,倡导带好队伍,体现员工个人价值。

2. 围绕薪酬待遇、工作环境、发展空间、人性化管理四个方面吸引人才

B公司对外狠抓市场开拓,对内推行全面预算管理,实现了企业经营效益的不断提高,企业利润总额及利润率保持高位,使得B公司职工年平均收入保持连年提升。

(1)聚焦《薪酬分配管理办法》《绩效考核管理办法》等,按市场原则推动薪酬分配制度的革新,并动态优化薪酬分配,保持与市场接轨。

(2)为一线项目员工提供良好的工作、生活条件。近几年,B公司投入了大量财力以提升驻地的标准化水平及人性化程度,包括为全体员工置换工作服、为项目员工宿舍安装空调、配备文体设施、落实"账本工程"、解决偏远项目报账难问题、提高项目人员伙食补贴、组织开展各类文体活动等。这些为员工办实事的做法赢得了员工的好评。

(3)为有能力有干劲的员工疏通上升通道。通过修编《员工岗位管理办法》《优秀人才管理办法》等制度,将员工晋升的条件、要求、程序等进行公开,鼓励员工"能者上"。在制度出台后,每年都有近百名符合条件的员工提升了岗位,包括一批自主培养的年轻工程师和在多个项目得到历练后成长为项目团队的带头人等,完成了员工向总监的蜕变;公司为德才兼备的项目总监、副总监明确了政治待遇,稳定了主要的技术骨干队伍;打破排资论辈等传统用人方式,采用公开竞聘等方式破格提拔任用一批年轻干部到重要的片区管理岗位;将B公司定位为集团公司工程技术人才培养基地,为员工留出更高的上升通道,从而

大大激发员工的激情,保持公司积极向上的精神面貌。

(4)倡导人性化管理,让员工尽可能照顾到自己的小家。B公司根据项目远近,在交通费报销上制定不同标准,保证员工正常休假所需;根据家庭住址适当就近安排项目;双职工家庭尽量安排在同一项目工作,让员工在项目上有家的感觉;引导各项目利用工作闲暇时间安排多种多样的活动,如春节游园、运动竞赛、红色参观、集体烧烤等娱乐活动,以丰富员工的业余生活;优先考虑聘用富有爱心、关心员工业余生活的优秀监理工程师到总监、副总监岗位。这些富有人情味的管理,使得团队即使参与远离繁华城市的高速公路项目,也能够更加稳定,在项目建设中取得成效,屡创佳绩。

3. 推行项目自主管理,充分发挥总监作为项目带头人的管理能力

B公司给予总监一定的权力,让他们在一定权限内计划自己的工作、制定工作分配方案、选择新的成员、制定预算等,并广泛地参与企业决策。让总监推行企业的意图,并决定了项目部的工作风气和氛围。

4. 关心员工的成长,促使员工成为业务带头人和项目管理骨干

当员工因为工作学习取得进步时,例如项目获得嘉奖、职业资格考试过关等,公司会及时地为员工升职、加薪和奖励,让员工精神物质双丰收。

B公司在深入调研的基础上,有针对性地加大培训力度,通过不遗余力地自主培养员工,提高技术人员业务水平和业务素质。B公司通过开展新员工入职培训、监理工程师和试验检测考前培训、中层管理人才综合能力培训等各类培训,全面提升员工的业务能力和综合素质,近些年每年有近60人次获得国家各类职业资格证书,大大提升了企业的核心竞争力。通过以上措施,B公司有效保证了队伍的稳定,优化了员工队伍年龄结构比例,逐步建成了一支业务能力强、综合素质高、发展后劲足的技术人员队伍。

5. 以党建为引领,通过争创各类奖项以激发员工的职业自豪感

B公司重视项目建设、珍视荣誉,制定了相关制度,鼓励项目争创各类奖项荣誉,并给项目员工及项目总监、副总监颁发奖金。

2021年,B公司开展"监理铸品质,服务大通道"党建品牌建设活动,依托项目加强支部建设,其中2个党支部升为集团五星级党支部、3个支部升为四星级党支部。

2022年以来,B公司参与监理的特大桥荣获"公路交通优质工程奖";两条高速公路荣获"国家优质工程奖";5人荣获"优秀项目建设者"荣誉称号;荣获所在省交通运输厅"2021年度公路铁路水运工程平安工地建设典型示范项目"

"中国公路学会 2022 年度智慧高速"等荣誉称号；多个项目荣获交通运输厅颁发的"2021 年度优秀监理单位"荣誉称号。

第三节　事无巨细的现场监理

龙丽温高速公路文成至泰顺段（简称"文泰高速公路"）工程位于泰顺县崇山峻岭之间，路线全长约 34km。施工全线共有隧道约 36000 多米（折合为单洞），最长隧道为 4255m，全线结构物占比达 79.3%，被誉为"浙江天路"。施工期间，监理办针对项目特点，从细节着手，严格管理，及时总结，承监的两个合同段先后申请专利 25 项、申报工法 9 项、申报质量管理（QC）成果 5 项、申报课题 4 项、在国家级刊物发表论文 11 篇，为后续山区高速公路的建设积累了大量经验。

一、掌握工程特点与难点

265m 的洪溪特大桥为双塔双索面矮塔斜拉桥，处于"两山夹一水"的峡谷地带，山高路陡，峭壁断岩。大桥 1 号墩建设时，施工便道仅仅只有 6m 宽，无法满足施工期间回旋伸展的需要。为了尽可能多地争取作业空间，监理工程师们与施工单位一起，克服场地的先天局限，采用"挡墙 + 钢管桩 + 贝雷梁"的方法，在悬崖边拼出一座进深 12m 的栈桥平台，解决了作业初期的最大难题。洪溪特大桥建设的难，还来自它所处的地势，大桥的两个桥墩之间的距离有 265m，往来两墩之间作业需要花上一个半小时。2 号桥墩首个承台浇筑时，由于单次需要浇筑 2000m³ 的混凝土，又恰逢南方 8 月酷暑季节，为了避免热胀冷缩使浇筑物产生裂缝，光是降温用的冰块就用去了 90t 之多！更为艰难的是，大桥的两端分别需要接入位于半山腰的两个隧道口，但是在隧道进口的位置，依然是没有道路、没有作业空间，有的只是万丈深渊，参建者们只能依靠最原始的人工攀爬方式抵达洞口位置，进入洞内作业也只能采用侧导洞进洞的方式。

南山大桥的一大特点是边跨不长且位于陡峭山体中，施工中稍有不慎就会引发巨石坠落，对下方结构物造成严重损害。大桥修建前，为了确定承台位置，参建单位邀请专业登山队从旁协助，测量人员从悬崖上方通过索降抵达指定位置才能开始工作……因为路途险峻，建设单位花费了半年时间用于修建施工便道，但即便这样还是不能将便道直接连通到承台下方，阻碍了设备和建材的进入，待安装的塔吊只能依靠骡队驮运进去后再行拼装。考虑到山高路远，建材运输困难,塔吊基础浇筑采用的是拖泵混凝土浇筑,可是施工尚未完成,泵管却因为山路蜿蜒崎岖、管线布设过于曲折等原因而出现了堵塞、损坏乃至报废。为降低工程损耗,早日完成浇筑,监理团队与施工单位技术人员商定使用直径30cm的塑料管进行二次施工,成功解决基础浇筑难题。

除了施工安全风险高,技术管理难度大以外,文泰高速公路的建设者们还常常面对山洪、泥石流、雷暴、浓雾、冰雪、台风等恶劣自然条件和天气,同时由于项目地处山区,驻地周边环境相对也比较艰苦,一天之内有可能经历四季变化。

二、做细各项监理工作

文泰高速公路施工期为3年,2020年建成通车。特殊的地理地形条件,决定了施工难度非常之大,进度压力也是非常大。监理办始终以"在确保质量安全的前提下抓进度,在科学调度、在交叉运作中争高效"为指导思想,通过统筹规划、合理安排,确保了工程建设顺利实施,提前完成了建设任务。

(一)工程进度监理

1. 配合业主做好"五个先行",为项目建设赢得宝贵时间

中标该项目后,监理公司立即组建具有丰富监理工作经验的团队进场开展工作,以最快的速度投入到工程建设之中,在业主的统筹安排下,不折不扣地配合业主做好"先行用地报批、施工便道建设、施工用电架设、政策处理工作、总体施工方案"等"五个先行"工作,特别是施工便道的先行修建及总体施工方案的提前优化,为后续工作的开展奠定了良好基础。

2. 严格工期目标,加强计划管理

根据项目总体目标要求,结合各标段实际情况,监理办对施工单位上报的总体、年度、季度、月度进度计划进行了认真审核及现场核验,及时、准确地提出监理意见,并多次召开进度专题会议,共同讨论、确定各阶段任务目标,使工程进度始终保持合理性和可操作性,最终圆满完成。

3. 严抓关键工程,加强生产调度

(1)加强组织调度,确保监理力量。建设期间,始终坚持监理项目负责人不变更、其他监理人员少变更的原则,保持监理队伍的稳定性,并根据不同施工阶段,适时调动补充相应专业监理人员,使其满足工程建设所需。

(2)加强车辆调度,确保监理手段。根据项目工程路线长与地形复杂的特

点,在满足原有合同文件约定车辆(5辆)的基础上,监理办又增加5台车辆,确保报检工作的及时性。

(3)加强会议调度,确保施工部署。通过不定时召开生产调度会,按月召开监理例会、工地例会,适时召开现场办公会等形式,按期部署工作任务,及时发现问题,认真制定相应措施,现场检查落实,保证了生产调度的超前性、及时性、针对性、科学性和时效性。

4. 严守工序环节,加强现场管理

根据工程的不同施工特点,针对各个工艺工序环节,按照施工技术规范,加大现场管理力度。优先安排涵洞、通道等小型结构物施工,广开作业面,为路基尽早贯通提供了条件;抢抓桥梁基础施工,实行平行工序转换、同步交叉作业、阶段推进;促进加快路面工程备料,实行拌和、运输、摊铺、碾压一条龙作业,分幅、分层按序推进;对交安、绿化等附属工程,推行0时差作业,路面工序完成后立即进场作业,确保工程建设有序进行。

(二)工程质量监理

始终将"百年大计、质量至上"理念贯穿于施工监理的各个环节,从细节着手,用匠心铸品质,打造山区高速公路样板工程。

1. 扎实做好常规工作,强化工程质量控制

(1)严格执行首件工程认可制,推行班组首件工程验收制度。制定首件工程验收制度,规范首件工程管理标准和流程,落实首件工程的准备、施工、分析、总结等各项工作,对效果良好的成果全线推广,对三次首件验收不合格的施工班组予以清退。

(2)严把材料进场关。推行出厂合格认可制,原材料进场前必须经施工自检、监理抽检合格,并对原材料不定期进行抽查,杜绝不合格材料进场。

(3)积极开展质量通病治理工作。结合工程实际,积极开展技能比武、质量回头看、现场观摩会等专项活动,总结和宣传在解决施工质量通病中取得的成效,大力推进工程管理精细化、工序管理程序化,持续提升工程施工质量。

(4)加强隐蔽工程管理。实行影像资料管理制度,采取拍照、摄像等方式全方位直观地如实反映施工过程的实际情况,并在质保资料签审及计量支付时与影像资料核对,核对无误方可计量支付。

2. 推行工作标准化、监理资料模块化、审批意见规范化

监理办建立健全了各项责任制,完善了各项管理规章制度,推行集约化、工厂化管理,深入贯彻"机器换人、自动减人"的理念,强制使用智能数控钢筋加工设备、智能张拉压浆设备等智能化、自动化设备,推广四新技术、小微改等工艺的运用,淘汰落后的施工工艺和材料。资料管理方面,监理办在统一用表的基础上进行了细化,明确资料填写及审批的程序、内容、意见用语和注意事项,真正做到资料及时、准确、完整、真实。

3. 充分利用信息化手段抓实、抓细监理工作

充分利用公司开发的"智慧监理"信息化动态管理平台,同时以业主的阳光工程管理系统、物联网、视频监控、建筑信息模型(BIM)技术、隧道人员管理及门禁系统、施工便道红绿灯管理系统等信息化手段为依托,进一步规范监理管理行为,解决了长期以来监理履职不到位、资料记录不及时、影像资料欠缺等问题,为监理服务水平提质增效,最终体现提升工程品质的目的。

(三)工程安全环保监理

通过建立健全安全管理制度,加强监理人员安全教育培训,积极参与各项安全活动,强化安全管理,推动创新应用,实现安全生产"零事故、零死亡、零伤害"的目标。

1. 建立健全安全管理制度,强化安全生产保障

结合工程实际情况,完善制度建设,落实全员安全责任,严格执行国家安全生产法律法规,形成具有山区高速公路建设特色的安全管理体系,编制监理办《安全监理计划》《山区行车安全规定》《安全标准化监理细则》等方案和制度,全员签订安全生产责任书,层层落实安全生产"一岗双责",推动"管生产必须管安全,管业务必须管安全"理念的落地。

2. 加强安全教育培训,提升监理人员安全管理水平

项目部设立安全讲堂,实行安全定期讲课制度,分项工程开工前由相关专业监理工程师将分项工程安全管理要点以PPT的形式对监理人员进行交底和培训,形成安全教育培训常态化、专业化;通过推行三级安全监理教育培训机制,由总监、专监、监理员不定期进行分级安全授课,切实提升全体人员安全管理水平和安全管理意识;组织安全知识竞赛,奖优罚劣,形成"比、学、赶、超"的良好氛围;组织"假如我是总监"演讲比赛活动,使全体监理人员都能够体会到安全管理的重要性和艰巨性,从而提高处理各种问题的能力。在业主组织的安全技能竞赛活动中,监理办连续两年获得团体第一名。

3. 强化典型示范引领，提升现场管理水平

通过参加各项应急演练、开展安全生产月活动、组织现场会等方式，提高全员安全意识，提高应急处置水平，从而使现场安全管理得到有效提升。通过协办全省高处作业施工现场专项整治观摩活动、市焊工安全操作技能竞赛，为后续安全生产工作提供了宝贵的交流机会和探讨平台，也为交通行业高质量安全发展营造了"学技术、练本领"的良好氛围。

4. 实行清单化管理，强化隐患整改跟踪落实

及时梳理安全隐患整改跟踪落实清单，明确各问题责任人、整改要求、整改时限，做到凡事有人负责、凡事有章可循、凡事有据可查、凡事有人跟踪。通过清单化管理，有效地提高了安全隐患整改效率和时效性，及时消除了安全隐患。

5. 加大环保举措，开展机制砂推广应用

为贯彻"绿水青山就是金山银山"的理念，减少施工对自然生态和环境造成的破坏，监理办推进机制砂的生产应用，通过对石料母材、加工过程、成品检验等全过程的监管，使机制砂质量得到保证，从根本上解决河沙质量不稳定、运输困难、弃渣占地、对环境破坏等问题。通过大量试验，选出最佳配合比，将机制砂充分应用到 C50 和 C60 高强度混凝土中，填补了省内机制砂在高性能混凝土中应用的空白。

(四) 工程合同监理

文泰高速公路建设里程长，工程投资规模大，社会关注度高，监理办坚持以合同为依据，以计量支付管理为主线，做好计量支付、变更、资金使用、合同管理等方面的各项工作。

1. 规范审核时限，提高工作效率，加快工作流程

对于施工单位上报的一般变更、计量支付，审核时限为 3 天；对于重大变更、计量支付，监理办审核时限为 7 天。通过加快工作流程，使资金、措施等得到有效保障，保证现场施工顺利进行。

2. 严格变更管理程序

对于所有工程变更，除参建各方共同现场核实外，监理办必须在现场专监、合同专监、测量专监共同在场确认的情况下方可有效，从制度上规避了工程变更处理过程中违法违纪问题的发生。

3. 实行资金使用审批制度，做到专款专用

施工单位在支付民工工资、设备材料费等资金前，必须经监理办、业主审批

方可支付，监理办通过核对资料、认真审核等方式加强对资金使用的监管，杜绝资金挪用等问题，为工程建设提供了充足的资金保障。

4. 实行合同动态管理

在分包管理方面，监理办要求必须先进行备案审批，待分包合同、分包单位资质、人员资质等经审核符合要求并审批后，方可进场组织施工。

对施工单位合同履约人员、各项保证体系、分包管理、施工设备等进行动态检查，对发现的问题及时进行通报和处罚，有效杜绝人员挂证、分包管理混乱、保证体系运转不正常、施工设备不到位等问题。

三、打造核心监理团队

针对文泰高速公路项目施工点分散、交通不便、管理难度大的情况，监理办在内部管理方面做了大量工作。为确保事无巨细、保障监理工作顺利开展，监理办狠抓内部管理，打造核心监理团队，提高全体监理人员工作积极主动性、责任感及工作能力，做到监理工作目标明确、责任到位、依据充分、行为规范。

1. 总监身先士卒，打造优秀团队

文泰高速公路施工条件差、交通组织困难，项目伊始，每个施工点要到达需数小时的车程，在工作中，总监带领团队克服种种困难，以身作则、深入施工现场，以服务至上的理念为核心，注重监理办内部的管理和培训，努力创造和谐共进的工作环境，不断提高整个团队的凝聚力和战斗力。

2. 信守原则，奖优罚劣，保质保量打赢攻坚战

钢管拱桥、矮塔斜拉桥、波形钢腹板连续刚构、全线最长隧道……文泰高速公路的三标、四标几乎集中了全线所有的难点、节点工程，施工难度大，技术要求高，工期紧张。在工作中，监理办始终坚持"安全第一、质量至上"的原则，与参建各方一起查找问题、分析原因、研究对策、优化工序，先后攻克了特长隧道侧导洞进洞、机制砂在高强度等级混凝土中的应用、自密实微膨胀混凝土质量控制、现浇箱梁混凝土外观质量控制、钢管拱吊装、波形钢腹板施工控制等一系列难点，优化了施工工艺，节省了工期。

内部管理方面，监理办对每位监理人员日常工作态度、廉政行为、现场管理、内业整理、信息化应用程度等方面结合公司考核制度制定了人员考核细则，对考核结果良好的监理人员进行奖励，实行末位淘汰制，淘汰责任心不强、工作能力不足且不求进步的监理人员，及时遏止监理人员不良行为，实现"要我做"到"我要做"的思想转变。

3. 开展监理讲堂,提高监理人员的知识储备和工作能力

根据工程进展,在每个重要节点、关键工序开工前,开展监理讲堂,根据设计图纸、施工方案、规范标准对施工监理控制要点、程序管理等方面制作 PPT 对监理人员进行交底和培训,并对相关知识进行考试,对考试不合格的人员反复进行教育培训,切实提高监理人员对现场及相关知识的熟悉程度,使监理工作游刃有余。

4. 营造"家文化"氛围,增强员工凝聚力和归属感

监理办积极开展员工聚餐、集体生日、节日问候、趣味比赛、知识竞赛、廉政宣誓、家庭联谊等活动,充分营造"家文化"氛围,使每位员工在工地能体会到家的气氛,增强员工凝聚力、归属感和责任感,形成工作、学习、生活的良好习惯和"比、学、赶、超"的良好氛围。

文泰高速公路施工点分散、管理难度大、工期紧张,针对项目特点,监理办积极发挥主观能动性,靠前监理,充分融入施工过程每个环节,在施工方案比选、施工设备选型、材料运输、施工便道管理、山区高速公路施工标准化、机制砂应用推广、质量安全清单化管理、监理信息化应用等方面做了大量工作,并取得了良好成效。在工程建设过程中未发生任何一起质量和安全事故,为工程顺利如期完工奠定了基础。

第四节　主内又主外的项目监理

新疆乌尉高速公路 PPP(Public-Private Partnership,公共私营合作模式)项目乌鲁木齐至尉犁段是国家高速公路 G0711 乌鲁木齐至若羌的组成部分,是新疆跨越天山连接南北疆的交通干线,在区域路网中占有重要地位。WYJL-4 合同段驻地监理工程师办公室(以下简称"WYJL-4 驻地办")承担标段范围内的施工监理工作,其在施工监理过程中不仅要做好项目监理机构的内部组织管理,还要其做好与外部的沟通协调工作。

一、WYJL-4 驻地办的内部管理

WYJL-4 驻地办自成立以来,从完善管理制度着手,狠抓内部管路,全体人员团结一心,切实做到严格监理、遵守制度、尽职尽责,有效地保证了总体工程进度的顺利实施。

1. 合理的组织机构及人员配置

本项目海拔较高、气候环境条件恶劣、工程项目复杂、施工管理组织难度大,驻地办组建时充分考虑了以上因素,监理公司选派了一批年富力强、业务素质高的监理人员成立现场监理机构。监理人员配备老中青相结合,结构层次清晰。合理的监理人员配置不仅能够满足一线监理工作需要,还能发挥"传帮带"及"师带徒"的效果,便于监理人员内部管理。

2. 建立完善的内部管理制度

监理人员进场后及时建立健全了监理廉政制度、监理人员出勤、休假及人员变更、质量责任追究制度、考核制度、监理培训与交底制度、变更工程量多方认证制度、文件管理程序及制度、设计文件交接和技术交底制度、工地会议制度、首件工程认可制、标准化建设与管理制度等15项监理管理制度,这些工作制度在工作过程中对规范每一位员工的行为、增强员工的自觉性、调动员工的工作积极性和主观能动性起到了积极作用,形成了"以内部管理促动项目管理"的良性循环。

3. 建立健全岗位职责,加强团队建设

首先从驻地办的基础管理工作抓起,建立健全岗位职责是让每个监理人员熟悉自己的职责范围、工作依据和标准,监理中做到有法可依、有章可循,确保驻地办的工作处理得井然有序、有条不紊。

本项目监理工作涉及道路、桥梁、隧道、机电、试验、测量等不同的专业,各专业存在分工又存在协作,驻地办首先要建立项目总监、专监及监理员岗位责任制,通过建立岗位责任制,定期组织考核,在分工明确的基础上加强项目内部的团结协作。同时驻地办建立考核奖惩机制,把监理人员履行职责情况、工作业绩同个人的经济效益挂钩,充分调动监理人员的工作热情和积极性。通过对项目监理部人员培训和考核,不断提高监理人员的素质和业务水平。

4. 加强内部组织协调,强化监理团队建设

本项目驻地办监理的施工工程点多面广,监理人员数量较多,驻地办设置标段监理组,实行分级管理,各负其责,建立考核机制充分调动每名监理人员的工作积极性和能动性。经公司党委批准,驻地办成立临时党支部,定期组织党员主题日活动,组织全体员工参与学习中国共产党党史和习近平新时代中国特色社会主义思想,加强了驻地办的内部管理工作。

5. 营造良好的学习氛围,提高监理队伍的总体素质

由于项目的隧道地质复杂,施工难度大,监理人员利用业余时间学习《公路

隧道施工技术规范》等专业知识，驻地办定期组织开展了"墩柱、空心薄壁墩监理控制要点""中国交通建设股份有限公司暗挖隧道标准化施工指南"等共计39次业务培训，监理内部营造良好的学习氛围，通过学习不断拓宽和更新监理人员知识面，从而提高驻地办监理人员总体业务素质。

6. 严格执行监理程序，严把工程质量关

为明确工作重点和人员岗位职责，驻地办根据总监办下发的《监理计划》，组织监理人员编制了《监理实施细则》，作为开展监理工作的指导性文件。并在此基础上，先后编制了《质量通病防治专项监理实施细则》《天山胜利隧道进口端正井法竖井监理细则》《天山胜利隧道进口端TBM施工监理细则》，用于指导质量通病防治、竖井、TBM监理工作。各细则均明确监理目标、监理范围、内容、岗位职责、监理方法、监理制度、监理程序等，并对主要工程项目明确了控制流程和监理要点，对常见质量通病提出了预防措施。并将这些文件及时下发至各施工单位，在驻地办内部进行了宣贯，细则的编制使监理工作有了可靠的依据和抓手。

监理程序是监理内部管理工作的基础和核心，是工程质量、安全、环境保护及职业健康等体系运行的重要保证，也是监理工作开展的有效手段。因此，监理过程中驻地办严格要求承包人做到规范化、程序化施工，严格落实工序报验制度。对钢筋笼安装、桩基混凝土浇筑、梁板预应力张拉及孔道压浆、锚杆注浆、二次衬砌混凝土浇筑等隐蔽工程、关键工序、重要部位驻地办安排监理员实行全过程旁站，同时留有影像资料。要求影像资料须反映出监理验收人员、验收部位、验收时间、验收内容等有关内容，照片须清晰并按照要求做好影像资料收集归档工作。

7. 加强进度管理，实行有效管控

项目能否在预定的时间内交付使用，是业主最关注的问题之一，因此，控制工程进度是监理的一项重要工作。驻地办进度控制的任务就是在满足项目总进度计划要求的基础上，审核施工进度计划，并对其执行情况加以动态控制，必要时及时调整原有计划，保证项目按期完工。监理依据业主与承包人签订的施工合同中对工期的约定，对承包人的施工进度进行控制。乌尉高速公路项目开工以来，驻地办首先建立进度日报、周报及月报制度，由每位监理人员对自己负责的工点进度及时收集整理梳理后上报驻地办，便于进度管理过程中及时发现问题，及时督促施工单位解决处置问题。项目进场后先后受到3次疫情影响，进度出现不同程度的滞后，驻地办掌握现场实际情况后，及时要求施工单位进行进度纠偏措施,有效地保证了总体工程进度的顺利实施。

8.重视合同管理,规范管理流程

合同管理是项目参建各方在项目实施过程中最有效的法律约束,只有在项目实施过程中项目参建各方很好地履行合同才能确保项目顺利地实施。为此,驻地办严格执行合同,按合同进行施工管理,有效地对施工过程中的变更、延期、费用索赔等事件进行控制,积极维护各方利益,规范了项目工程管理。

严格要求施工单位按施工合同办事,确保材料、设备、人员的及时进场,保证工程的顺利实施。监理工程师在合同履行管理中应严格控制变更,施工中承包人未得到监理工程师的同意不允许对工程设计随意变更。通过对工程变更工作的管理,有效控制工程进度和工程造价。施工过程中严格履行监理合同,做好过程中的质量监督管理,尤其侧重于隐蔽工程的验收。严格按合同工期要求进行进度计划的安排,做好过程中的监督管理,控制工程延期事件的发生。做好工程量现场确认,及时进行计量、支付工作,严格控制施工过程中的索赔事件发生。

9.加强现场安全环保管理,真正履职尽责

新疆乌尉高速公路 PPP 项目桥隧比高,施工难度大,安全风险系数较高,且施工地点位于乌鲁木齐市二级水源保护区内,环境保护措施要求高。安全生产、环境保护、水土保持工作一直是工程项目建设的重点。开工以来,WYJL-4 驻地办坚持"一岗双责",持续开展安全生产专项整治和质量安全红线专项行动,积极组织平安工地创建活动和安全生产月活动,加大隐患排查治理力度,督促施工单位每月组织安全隐患分析,认真落实安全生产管控措施,定期组织安全生产例会,落实安全生产责任制,安全生产始终处于可控状态。

二、驻地办的对外组织协调

新疆乌尉高速公路 PPP 项目建设造价较高、工期时间长达 6 年,涉及面广,对外组织协调不但有和工程直接相关的政府监督部门、设计、业主、施工单位等,还要涉及沿线单位、居民、过往车辆,公安、税务、工商、环保等多部门,监理除了与业主的合同关系,与施工单位的监理关系以外,为了更好地搞好工程建设,保证工程总体目标,在监理工作中还时刻要处理各种复杂的问题,需要监理有较强的协调各方关系的能力,在监理工作中既要坚持原则,又要注意策略,灵活处理问题,熟练运用多种组织协调方法。

1. 协调建设单位与施工单位的合同关系

在施工过程中,由监理协调建设单位和施工单位之间的合同争议,以合同为依据,有效地解决合同纠纷,避免双方直接冲突,保证合同的正常履行。

2. 协助建设单位协调施工单位与地方的关系

在施工过程中,施工单位为了获取施工用地方性材料以及运输这些材料等可能会和地方发生分歧,施工可能产生的对地方的干扰以及影响当地居民的人身财产安全等问题,对施工单位可能产生不利的影响。为使施工正常运行,监理应以国家法律、地方有关规定为依据,以安定团结稳定为大局,协助建设单位、当地政府协调其中矛盾,使施工尽量少受影响。

3. 协调施工单位与施工单位的关系

施工过程中,不同合同段具有相对独立性,施工期间难免互相产生施工干扰,监理应及时进行协调,妥善处理双方的矛盾,避免施工受到影响。

4. 协调监理与施工单位的关系

尽管施工过程中监理与施工单位的关系是监理与被监理的关系,但监理人员要使监理工作中的指示和决定得到施工单位的贯彻执行,和施工单位保持良好的工作关系十分重要。

5. 协调设计与施工的关系

当分析可能或已经发现设计与施工的问题时,根据实际情况及时报请建设单位协调设计与施工的关系。

6. 监理单位与建设单位之间的关系

依据监理合同,建设单位与监理单位之间是委托与被委托的合同关系,监理单位在建设单位的授权范围内独立开展监理工作,处理有关工程监理事宜。遇到涉及工期、费用等重大质量或技术问题时,监理单位应及时报告建设单位,由建设单位会同有关方面作出决策后再由监理单位出面处理。建设单位在施工现场发现涉及质量等工程问题时,应及时向监理单位提出,由监理单位立即组织有关人员研究解决。建设单位对施工质量等问题的处理意见,通过监理单位派驻现场的代表向施工单位提出,并督促其实施。

7. 监理与设计单位之间的关系

设计文件包括图纸、技术说明、设计变更等是监理工作的依据,监理单位应全面贯彻设计意图,严格监理施工单位按图施工,凡对设计文件有疑问、建议或由于地质情况、施工现场环境发生变化需要变更设计,均由设计单位作出修改,监理单位无权变更设计,设计单位在现场发现施工质量等技术问题时,应向监理单位提出由监理单位出面处理解决。

8. 协调施工单位与材料供应单位的关系

监理工程师将审核施工单位的材料供应计划,对不合理处进行提醒;也将协助做好材料供应单位的材料供应工作,确保工程不因材料供应而影响工期。

9. 协调施工单位与各级检测单位之间的关系

监理工程师将根据工程进展情况,及时委托中心实验室及第三方检测(监测)单位做好已完工程的检测工作,确保工程顺利进行。

总之,监理项目部要不断适应新时期公路工程监理项目的各种建设模式,不仅要主内,而且要主外,根据项目工程特点和实际情况,持续优化改进监理服务工作质量,一方面做好建立内部管理,确保监理工作正常、有序开展,另一方面加强外部组织协调,充分发挥监理的桥梁纽带作用。

第五节 水运监理项目的特点

水运工程作为交通运输工程体系中的一环,在我国交通发展中起着重要作用。大连湾海底隧道建设工程是近年来颇具社会影响力的水运工程之一。工程于2019年正式开工,旨在新增一条纵贯南北、连接东部核心区和金普新区的快速通道。通过这个项目,可以了解到水运工程监理的一些特点。

一、确定监理模式

大连湾海底隧道工程建设规模大、结构形式多样,涉及水运、市政、建筑、公路、机电等多种相关专业。中标该项目的单位依据合同要求及工程监理需要,组建了大连湾海底隧道建设工程项目联合体监理部(以下简称"监理部"),监理部采用直线职能式管理模式,按职能及权责的不同划分为三个管理层次,即决策层、职能层及执行层。

决策层由总监、副总监、专家组成。决策层对重大事项做出决策,下发各种指令和文件,对监理工作进行宏观控制。副总监和专家将负责驻地组具体工程实施管理。职能层由质量部、安全部、计合部、综合部、协调部五个部门组成,各自负责相应职责的规划、内部工作指导与内部工作检查等工作,并对决策层负责。执行层分四个驻地组,各驻地组负责相应工作范围内的监理工作。执行层的主要职能是执行决策层的各种指令,按照规范、监理实施细则开展工作,并及时准确地向总监反映工程实施过程中的各种信息。

监理部始终秉持"严格监理、优质服务"的宗旨,以科学的监理工作模式和方法,出色地完成了业主交办的各项任务,得到了业主、设计单位、施工单位等各方的认可。

二、履行监理职责

大连湾海底隧道是北方首条跨海沉管隧道,是继港珠澳大桥后又一重大基础设施项目,同时也是国内首条北方寒冷地区应用机制砂配置的百年海工混凝土工程。不同于南方的海洋环境,北方寒冷地区具有海洋腐蚀环境及冬季寒冷干燥的气候特征,将严重影响混凝土的耐久性。项目采用"干坞法"预制沉管,沉管设计使用寿命达100年,施工难度大,技术要求高。大连湾海底隧道沉管隧道跨海布置,施工水域通航条件复杂,各种类型船舶进出频繁;沉管隧道主线长3035m,其中曲线段管节半径达1050m,为国内曲率最大、半径最小的曲线段管节。沉管隧道工艺在国内实施经验较少,且涉及行业多,工程复杂,给监理带来了巨大难度。

监理部严控工程施工质量,针对技术含量高、施工难度大的工艺专门成立了专项攻克小组,严格审批施工方案及进度计划,采用创新、科学的监理方式管控工程质量及进度,科学开展安全管理工作,精确纠偏,同时加强日常现场的巡视检查力度,做好工程施工的"事前"和"事中"控制。

由于项目整体管理和协调工作庞大而复杂,监理人员在熟练掌握工程设计图纸、施工方案、技术标准、进度计划的同时,还需充分获取工程现场庞大的实时信息,以保证高效、准确地开展监理工作。工程工期紧、施工要求高,监理人员除了白天做好监理工作外,夜里也要进行验收和加班整理资料。

大连湾海底隧道建设工程创新采用了全国首例具有干法施工、快速对接、过程可逆、控制精度高等特点的"顶进节段法"接头。该工艺作为整个项目的核心技术之一,实现了将水中安装转变为陆上干法施工,且部分结构尺寸控制精度需达毫米级,其工序处于关键线路,施工工期压力重,管理难度大。监理人员每日深入施工现场,坚守在第一线,按照专项施工方案、设计图纸、施工规范等依据严格做好现场质量管控工作,并根据现场实际情况及工期要求,协调并协助梳理及调整部分工效工序,严控工程进度,保证最终接头顶推工作高质量完成。

三、夯实服务质量

为做好对参建监理单位的协调和管理工作,使参建的监理单位形成一个整体服务于工程,确保参建监理单位管理不错位、不漏项且不增加管理层级为前提,监理部根据合同要求在职能层增设了协调部。

在横向管理需求方面,多家参建监理单位之间存在不同的监理范围和界面。在纵向管理需求方面,由于多家参建监理单位来自不同的文化背景、不同的监理经历,需要业主进行统一管理,并能够指令一致,协调管理工作量极大。这些工作可交由协调部协助业主完成,符合监理优质服务的本质。协调部以"和谐、高效"的目标发挥着工程协调中枢作用,以新型管理模式为纽带紧密连接建设单位、施工单位和监理单位。此种监理模式提高了工程中涉及多方单位参与的组织协调工作效率,精干高效,执行有力,沟通协调顺畅,使项目有序推进。

为培养高素质、能力强的监理人员,提升服务与综合管理水平,监理部建立了团队学习制度,不断学习新技术、新工艺以及新的管理理念,注重开展专题培训会、技术交流研讨等多类型活动,在监理部形成浓厚的学习氛围,同时鼓励员工对监理的管理模式进行创新尝试,助力全面提升工作质量。

针对沉管预制过程中大体积混凝土养护期长、浇筑时间长、浇筑方量大的特点,监理部为控制大体积混凝土的浇筑质量监测工作,对"大体积混凝土新型温控检测设备"进行自主研发,丰富监理手段。

项目沉管安装任务历时 20 个月,浮运安装过程中施工水域狭窄、系泊工艺复杂、曲线段沉管曲率大、沉放控制难度高。面对这些难题,项目创新采用了碎石基床全漂浮整平工艺、水下线缆插座国产化改造、顶进节段法最终接头安装工艺、沉管安装信息化智慧管理云平台等多项施工关键技术,使沉管实现毫米级精准安装,创造了国内外多项新纪录。为总结积累工作中的经验,指导后续监理工作的开展,监理部对沉管浮运安装的质量规定、监理措施、监理方式等方面进行标准化梳理总结,并编制监理专用标准,积累项目的组织过程资产,提高监理工作方式的科学性、适用性,提升监理管理水平。同时,监理部针对项目特点及所在环境积极探索工作方法,以更好地对项目进行管理。

大连湾海底隧道建设工程的北岸敞开段为 U 形框构,自下而上依次为垫层、防水层、保护层、底板,其中底板多处有不同类型的预埋件,施工采用陆上现浇工艺。此外,敞开段为开挖方式,两侧空间狭小、整体构件大、作业密集,验收工序多且工期紧张。监理部重点研判了暗埋段验收的重难点,制定了"监理验收驻停点制度",将验收工作进行合理分散,有效提高一次验收合格率,保证工程质量和工程进度。

为了做好沉管检密和出坞前各项验收,明晰验收流程,项目团队针对沉管出坞及相应的各项交接工作专门制定了"沉管出坞验收制度",规范大连湾海底隧道项目沉管出坞验收施工过程管理,既有效控制了风险,又保持了工序验收的完整性和有效性,增强了对工程质量把控的广度和深度。

新时代科技发展日新月异,监理信息化对项目管理的影响日渐显著。监理部以提升监理服务品质为核心,着力开发建设监理信息化管理平台,以"钉钉"软件为载体,建立了以"专业化信息平台、标准化信息办法、数字化信息通道、精细化信息管理"为重要支撑的监理部信息管理体系。平台分为"项目管理""工程管理""信息处理"和"通信管理"四大板块,涵盖共18个主要功能模块,通过PC端、移动端实现平台桥接,建立了内部的信息发布平台,实现资源和信息共享,在线协同作业,使工程各类信息有效地实时传递与反馈,推动了工作流程及文档管理的OA化,提高了监理工作效率,对项目沟通协调起到重要作用。

四、发挥文化建设的作用

项目部将团队文化建设融入日常工作生活中,使团队文化理念"内化于心、外化于行",带动全员参与热情。在内部,监理部组织开展了观看红色电影、党史竞赛活动、文化宣讲活动、青年座谈交流会等一系列活动,深入了解员工关心的问题、帮助解决工作生活中遇到的困难,传播文化建设正能量。在外部,同各参建单位开展党建联建互动,向其他党支部学习党建经验,全面营造监理部积极向上的工作生活环境。

监理部还重视抓好青年员工的思想引导工作,在日常工作中加强与青年员工交流工作,帮助其成才成长。为更好地协助青年员工形成乐观向上、奋勇当先的意识,发挥青年的时代担当,成立监理部青年突击队,在"急、难、险、重、新"的任务中发挥着重要的突击作用。

第六节 依托行业实现个人的成长

A总监从事水运工程监理相关工作二十余年,先后参与了十余项大中型工程施工监理工作,历任专业监理工程师、总监代表、总监等工作岗位。曾担任公司职能部门负责人,从事公司生产、安全、技术等企业管理工作。一路走来,从对监理工程师这个职业的懵懂认知,到业务的成长,技术的沉淀积累,再到参与创新研究,这既是 A 总监个人的职业成长,更是实现自我价值的过程,也是大多数监理人共同的经历。

一、行业成就企业,企业塑造个人

水运行业的蓬勃发展,为企业的成长提供了开疆拓土、施展身手的机会。三十多年来,A 总监所在的 C 公司承担了近千个项目,其中的长江口深水航道、洋山深水港、广州南沙港、杭州湾大桥、港珠澳大桥等更是举世瞩目的超大工程。C 公司所承担的工程任务获得国家及省部级奖项四十多项。丰富的业绩积累,不但让公司沉淀了管理经验,也为这些监理人提供了良好的学习资源和实践平台。

C 公司是国家高新技术认定企业,注重提升、创新与研发。自主研发的"智慧云管理系统"和"BIM$^+$项目建管平台",全面提升了企业管理水平和项目监理服务质量,实践监理工作模式的革新和工作手段的创新,为水运行业的创新发展提供了科学动力。也正因为 C 公司对科技创新和高质量发展的追求,给 A 总监这样更多的监理人提供从生存到成长、从生产到管理、从积累到升华的发展空间。

在 A 总监从业的二十多年里,历经工程监理工作的各个岗位,从现场监理、各类专业监理工程师到总监代表、总监,这是每一个依托行业成长的监理人职业发展的过程。A 总监所在的 C 公司在发展中不但完善、规范、提升自身,积累业绩,更为从业人员的成长提供了良好的学习资源和实践平台,为个人的成长提供更多的实践机会和更适宜的成长环境,从而成就了监理人的价值。

行业的进步、企业的发展和个人成长是相互依存的。没有行业的进步,就没有企业的发展,员工就没有好的发展环境和机会;反之,行业的进步、企业的发展也离不开一批高素质、肯付出的从业人员持之以恒的努力。

二、锻造复合型人才

在 A 总监看来,一个合格的监理工程师,应该是一专多能的复合型人才,不仅要有扎实的理论基础知识,还要具有丰富的工程实践经验;不仅要具备专业技术知识,还必须具备一定的管理、造价、合同和法律知识等。面对社会的高速发展,更应该要有与时俱进的意识和能力。只有具备了广泛的知识结构,不断地在实践中积累,提升自我,才能较好地履行自己的职责,这是监理行业的特性,也是对监理从业者提出的要求。

在监理执业生涯中，C公司丰富的业务资源，为个人能力和业务知识的沉淀、积累和提升提供了全面发展的平台。A总监经历过的工程结构类型就包括防波堤、高桩码头、重力式码头、软基处理、整治建筑物、航道疏浚以及辅助建筑等；经历的桩基工程包括方桩、PHC桩、钢管桩、组合桩和灌注桩；经历过砂桩、塑料排水板、强夯、真空预压等软基处理；经历过大型袋装砂、抛石斜坡式、沉箱直立式等堤型结构；经历过自拌混凝土、商品混凝土、高性能混凝土、水下混凝土、大体积混凝土、预应力混凝土等。而在这些工程经历中，得到了多岗位多专业的历练，直接或间接从事的专业工作，包括信息管理、进度管理、工程测量、费用控制、合同管理、安全管理等，乃至总监岗位的工作。除了常规的质量管理工作，质量通病防治工作如面层裂缝控制、保护层厚度控制、桩顶劈角、现浇构件漏浆、预制构件安装偏差自然也是无法回避的。

工程监理是为工程建设提供的一项服务性工作，监理工程师在工程建设过程中扮演的角色决定了工程监理工作既是工程技术工作，又是管理、组织和协调的综合性工作，行业的特性为个人提供了业务全面成长的机会。

三、合格监理人的方法论

合格的监理工作，离不开监理工程师的主动思维和主动作为。监理工程师是监督工程建设行为和成果，对建设过程进行管理的职业。作为独立的第三方，既要保证工程质量，又要维护各方的合法权益，监理工程师怎样做到尽职履职呢？

（一）问题前置，主动思维

作为一个当代合格的监理工程师，把监理工作做成什么样的效果，与自己的主观能动性是分不开的。

A总监在项目实践中曾经发生过一件事：由于浮泥较厚，砂垫层施工后无法进行有效检验，是技术问题也是管理问题。监理人面对这种情况，是不负责任地闭着眼睛通过？还是不作为地把问题推给第三方？又或是使用"权力"推倒重来？这时候，监理工程师的主动思维和主动作为就无比重要了。在处理这一个问题时，A总监基于对工程结构的理解，对施工工艺和质保措施进行了验证，并对砂垫层的施工损耗率从投标报价、施工方案、施工定额等角度进行了研究，确定了工程的单元最低施工损耗，通过材料用量指导、控制施工，在保证质量的同时，让工程顺利地实施下去。

(二)严格要求,不断积累

监理工程师的成长,首先就要严格要求自己,不断积累沉淀。一个工程项目,有多少图纸、需编制多少方案、涉及多少的规范和标准等等,这既是监理工程师的工作依据,同时也是年轻工程师们学习的教材和资料。A总监在刚入行的时候常常通读图纸、方案、规范,洞悉设计意图,研究规范条文的原理,分析结构控制的重点难点要点。在此基础上,编制有针对性的控制方案和细则,设计控制方法,实施有效的控制。在工作中,更是秉承干一个项目掌握一个项目的相关知识,培育相关的能力,沉淀积累以胜任监理工程师这一个岗位。

(三)心存追求,勇于开拓

在实际工作中,监理工程师在构建档案管理秩序、提高管理效率等方面都是在前人管理经验的基础上,去实现管理的提升,目的只有一个,高质高效的工作,为项目提供优质的服务。心存追求,勇于开拓,做特色服务,把知识、技能和工作结合,做出不一样的效果,让监理的价值得到体现。

主动思考和主动作为,把握工程要害,施行有度有序、进退有据的管理,适度掌控原则性和灵活性共存的管理艺术,把被动工作变主动开展,这就是A总监多年的方法论。

四、智慧化带来的新机遇

2021年,C公司承担了"科技创新与智慧监理"的课题研究工作。与此同时,C公司开展了改革创新研究行动,打造国内水运监理行业第一款泛数字化管理平台"BIM$^+$项目建管平台",该平台通过研究BIM技术、信息化技术、监检测技术在工程监理的运用方法,实现水运工程项目管理全过程数字化,全面提升工程监理的服务质量,实践监理工作模式的革新和工作手段的创新,为水运行业的创新发展提供了新动力,也践行了工程监理行业科技创新和高质量发展的要求。

A总监作为平台研发的总负责人,从平台建设方案策划设计,到平台技术规范的编制、业务逻辑和数据流向的设计,再到平台的BIM、信息化技术与项目管理融合创新应用,以及最后开发转化和落地,无不跟从业以来的积累和思考息息相关。

A总监在平台研发的过程中,深刻感触到如果没有行业的引领、没有企业的依托,创新是难以实现的;要是没有丰富的实践经验、没有从业过程的积累和沉淀,没有长期的思考、追求和成长,个人也是无法胜任这项工作的。平台的研发,是行业和企业变革的探索和实践,也给予当代监理人去创新实践的成长机会,它将引领监理人走向新的起点。

紧跟时代,不断创新这是监理企业的担当,也是监理工程师在实践中的追求。A总监带领团队实施了研发与人才梯队建设同步的模式,同时培养了监理行业的信息化团队,探索了一条高质量发展的道路。

A总监作为一名监理工程师,正是在交通建设监理行业发展的引领下,借助企业的平台,不断成长、不断突破,成就了一个更好的自己。

第七节　监理人的职业追求

1993年,重庆交通学院开设了一个"工程监理与检测"新专业,B总监幸运地成为这个"试验班"的一员。毕业后一直从事与"工程监理、工程咨询和项目建设管理"相关的工作,曾参与公路监理工程师教材和考试用书的编写,完成了多个省重点课题研究,多次获得行业科学技术奖,发表学术论文30余篇,出版论著5本。他的个人成长,得益于对职业的专注与执着。

一、监理是有价值的工作

和大部分监理人一样,B总监一毕业就进驻一线从事施工监理工作。先后参加了多个项目的施工阶段监理,把工作重点从"监"到"理"推进。他参与监理的第一个项目,工作重点落实"监",这使得工程质量获得认可但监理成效不明显;第二个项目,他把工作重点转移到"理",得到了业主和施工单位好评。B总监自己的体会是:"监理不要天天喊合同口号,而要处处为工程提供合理的便利条件,为业主出谋划策;监理不要依靠特殊地位去整人,不要在细枝末叶上和施工单位计较,而要学会抓大放小,关键时候抓准合同,让施工单位感觉到监理的技术管理能力和为人处世的水平,监理工作就很好开展了。"

B总监参与的第一个项目是某高速公路互通C3线高架桥,16跨480m连续箱梁,结构受力复杂,设计双向预应力束特别多。施工过程中出现张拉后混凝土裂缝,这对于一个刚毕业不久的监理人来说是巨大压力。问题不可怕,可怕的是隐瞒不处理。B总监当即向上级汇报,通过组织召开专家会议,调整设计预应力配束,减少集中应力水平,解决了问题。B总监深有感触地说:"当我们在监理工作中解决了一个问题,消除了一个工程隐患,看到经手干出来的工程顺利通过了竣工验收交付使用时,会很欣慰,有一种自豪感和成就感,感觉以往工作中吃的苦、不被他人的理解和受到的委屈都值了。"

B总监参与的另一个高速公路项目是亚行贷款项目,亚行贷款项目的招标规则是最低价中标,实行FIDIC合同管理。1998年特大洪水袭击了正在建设的高速公路全线。B总监负责合同管理和计量支付工作,根据合同条款合情合理、合法依规处理水毁索赔工作,面对要求业主支付巨额索赔金的情况,在当时环境下还是令很多人不敢相信,索赔金额兑现后项目得以灾后重建,并按期通车。干净做事,清白做人,坚守监理人的职业操守,坚持监理的原则立场,严格执行相关法律法规、标准和强制性条文,公正、公平监理,真诚为业主服务,正确对待施工单位合理诉求,"让业主放心、施工单位满意",监理工作就能真正做实,体现监理的作用,做出监理的威信,从而受到业主和施工方的信赖和尊重。

监理工作中遇到的业主和施工单位可能是多种多样的,工作地域、条件、技术难易、复杂程度也是多种多样,这些不确定性是监理人无法选择的。只有高度的敬业精神、顽强的意志、踏实的工作作风是监理人可以选择和保持的。对监理的热爱就可以做到在其位、谋其事、用其智、竭其力。监理人的职业兴趣就是把从事监理工作不单单看作是个人谋生的手段,而是当作自己的理想和一生追求的事业。有了以上认知,面对监理工作中遇到的各种问题和困难,就会用积极的心态去面对和思考。监理工作本身是艰巨的,但只要在工程建设中发挥了监督管理作用,就能培育出正确的职业兴趣、职业素质,也会在完成监理工作任务后,内心充满成就感。

二、岗位锻炼丰富监理知识

2001—2002年,B总监主要从事施工图设计审查、招标代理、清单编制和招标标底编制、决算编制审查、后评价等工作。这些工作实际上是施工阶段监理往前、往后的延伸,这些经历对丰富全生命周期建设理念和管理思维起到了很大的帮助作用。施工图设计审查工作让人全面掌握设计规范和工程结构等要求,涉及路线、道路、桥梁、隧道、交通与机电工程等全面的工程技术知识、技术规范要求与设计原理,对施工期监理审查施工组织、审批施工方案、把控质量进度等工作起到很大的帮助作用。招标代理工作让人进一步熟悉了政策、法律、法规和行业管理制度,熟悉了有关技术标准、规程、规范,全面理解合同具体条款,对施工期监理合同管理工作有很大的帮助作用。通过清单编制和招标标底编制、决算编制审查工作则能熟悉工程造价组成、概预算的编制、造价软件的使用等,对施工期监理费用控制工作有很大的帮助作用。后评价则让人回顾工程的建设意义以及建设管理过程和效果,全面反思项目的执行情况,对后续施工监理工作起到全面的启发作用。

2004—2018年,B总监主要从事投标经营与监理项目管理工作。监理投标书实际是监理项目实施性的顶层设计,策划过程就是一个提升管理思维的过程:人员如何配置、现场监理组织机构如何设置、各部门各岗位的职责如何分配,如何把握和管控重点难点工程、怎么实现三控两管一协调等等。既需要善协调(协调资源配置、协调人员组成、协调进场退场安排等),也需要懂管理(管理组织内部、管理沟通外部、管理技术要点等)。在每个监理项目实施管理中,还需特别关注提升企业信誉度、信用度、影响力,实现"接好业务、做好业务、好接业务"的良性循环。

在监理企业的这些岗位锻炼,实现了在工作中学习,也全面丰富了知识。监理工作涉及多学科、多专业的技术、经济、合同、法律、管理等知识,是一个系统工程,所以监理工作需要一专多能的复合型人才来承担。监理工程师不仅要有理论知识,熟悉设计、施工、管理,还要有组织、协调、管理能力。

三、勤动笔成长为有文化的监理

2004年1月,一篇《监理行业向项目管理承包延伸》的文章开启了B总监的写作之路。18年来,他勤思考,勤写稿,成为一个监理行业的"文化人"。

2006年11月,《何时才能走出误区——对高速公路交通工程监理的看法》发表,并完成了《"二合一"模式调查》,这为他着手进行监理改革的总结、呼吁行业转型开了个好头。此后,他在国家级媒体发表了近10篇文章:《监理做业主》《从工程监理到项目管理》《公路工程监理代建的实践思考》《监管一体化的探索与应用》《代建的先行先试》《一体化:宁安"加法"做得好》……为监理行业转型、建设单位选择监理企业推行代建和代建+监理一体化业务鼓与呼。

B总监立足本省项目,又结合国内外监理工作实际,对监理企业转型之路进行了深入研究,又相继撰写了《江西改革进行时》《监理模式+适合什么模式就采用什么模式》《悄悄地在改变》《上万改良:老树前头万木春》《减量不减效简事不简责》《是时候改变了》等20多篇针对工程监理行业转型发展的研究性文章,总计20万字,先后发表于多家行业媒体,既推动了公司监理工作向项目管理业务的大幅度迈进,也为我国交通建设监理行业开拓项目管理业务提供了有效借鉴。

20世纪90年代,随着监理制度的普遍推广,监理队伍的不断扩大,迫切需要规范市场管理,对监理的管理靠的就是规章制度了。如今,监理成了交通建设市场不可缺少的行业,有着几万人的监理队伍,对监理的管理必须依靠"文化"的力量。

四、用课题研究推动代建模式

2009年以来,代建成为公司主营业务之一。经过多年先行先试,"项目代建主力军"的发展战略助推公司转型升级。回顾代建和代建+监理一体化工作推动多年的历程,20年来B总监一直开展研究。

(1)代建的推动。2002—2004年,B总监所在的公司承担了浙江省重点工程A类项目衢江大桥项目,在承担项目代建的同时,B总监开展了一个课题研究——"业主委托管理的思路与对策",研究成果获得了江西省优秀工程咨询成果二等奖。课题研究的结论是:工程管理专业化需要代建业务发展,也就是业主可以将管理业务委托出来,当年还没有"代建"这个词语,用的是"业主委托管理";监理单位比设计、施工单位更适合承担项目代建工作,所以才有了企业后来承担代建的思路,并极力成为专业的代建单位;并大胆设想如果代建与监理一起做就更好,因为有这个研究基础,才有后面的代建+监理一体化。

(2)代建+监理一体化的推动。2011年,采取代建与监理合并管理模式试点实施了井冈山至睦村高速公路建设,同时B总监进行了"高速公路代建与监理合并管理模式(即监管一体化)的研究",该研究成果获得了中国公路学会科学技术二等奖。2015年,交通运输部公路项目管理模式改革,将代建+监理一体化模式在江西宁安高速公路试点。

(3)代建+监理一体化的全国推行。宁安高速公路代建+监理一体化模式的全国试点,在行业协会的组织下,B总监负责编写了《公路建设项目代建+监理一体化指南》。通过"指南"的编写,一方面把实施的代建+监理一体化模式归纳总结,积累经验;另一方面从实践到理论的提升,让管理更科学。此后依托宁安高速公路建设开展了"高速公路建设管理体制改革研究及应用"课题研究。2015年7月,交通运输部编写《公路项目代建管理办法》,提及了代建单位有监理能力的,可以承担监理工作,从政策层面支持该模式,代建+监理一体化模式得以在全国推行。

(4)代建+监理一体化标准推进。代建+监理一体化新模式需要形成标准,出台招标示范文本、实施操作手册,也需要解决业绩登记(企业、个人)、监督管理(例如信用评价)等一系列的监督管理或制度完善问题,真正推动代建+监理一体化全面推广。为此,B总监又开展了"代建+监理一体化标准化"课题研究。

从2002年到2022年,20年间B总监作为较早研究"代建"或"代建+监理一体化"的监理工程师,把问题当课题来做,用课题成果去推动问题解决,体现了监理人创新的重要意义。

五、打造平安百年品质工程

2019年初,B总监担任某高速公路项目办主任,深度推行"代建+监理一体化"模式。"一定要廉洁做事,一定要创建品质工程。"建设各方首次见面会上,B总监提出了这个基本要求。

B总监到项目办上任第一天,在墙壁上悬挂了的一幅同事父亲赠送的书法:"清风习来"。B总监把它挂起来只是一种表面形式,怎么让廉政文化入脑入心才是真正的目的:一是抬头见字,不辜负父辈嘱托,时时提醒自己;二是加强修养,恳请同事加以监督,处处约束自己。

另一面墙壁悬挂着画作《赵州桥》。在B总监心里,赵州桥太神圣了,它是真正的品质工程,体现了古代的工匠精神,监理能不能做好代建+监理一体化,非常需要从古代工匠精神中找找答案。

秉承"齐心、务实、建品质"的建设愿景,以建设"优质耐久、安全舒适、经济环保、社会认可"的品质工程为目标,项目部超前谋划,精心组织,积极争取,获得了"全国首批交通平安百年品质示范、省厅首批BIM技术应用示范和全国生态交通示范"等三个示范。在全省年度高速公路建设项目评比中获得"优秀"等次,连续两个年度获得省交通运输系统平安工地考核第一名。

改进监理工作方法,B总监带领团队研究智慧监理的手段,开展BIM运用示范,获得了行业学会一等奖、省第二届BIM大赛二等奖、全国第二届建筑业BIM大赛三等奖等好成绩。项目获得交通运输部第一批平安百年品质示范工程,获得全国公路微创新大赛金奖2项、银奖3项。

此外,B总监组织开展公路科普工作,推动创新成果转化。他们的科普作品获得行业学会一、二、三等奖各1项,项目VR安全体验馆获得省科普教育基地冠名。

如何成为一个优秀的监理?一是为监理工作找到意义。监理和万千工作一样,只是一份普通的职业,在做监理之前,一定要找到这份工作的真正意义——为质量安全管控而生,为实现自我价值而努力。这样才能有足够的动力来做一些付出和努力,才能不断督促自己前进,不断让自己心甘情愿去付出汗水和辛苦。二是不要计较一时得失。监理本身就是一个十分艰辛劳累的工作,对身心素质的要求极高。应去发现监理有很多不一样的东西:为了更好地开展工作逼着自己学习成为工程管理通才;日复一日地摔打磨砺出超强的抗压能力;整日周旋于工程项目各方锻炼出高超的处事手腕等。这些宝贵的知识和经验成为帮助监理人走得更快更远的助推剂,更是赢得未来最重要的筹码。三是要学会边奔跑边思考。只有量变的积累才有质变的飞跃,所以要一边奔跑一边拼命思考,在做好监理自身本职工作的同时,给自己树立好明确而又可行的职场目标,不管是考证、谋取更高的职位还是跳槽到更好的平台,都需要深厚的积淀作为基础。

监理人的职业追求到底是什么?从 B 总监 26 年的监理工作实践中似乎可以找到答案:把所学的知识,通过监理工程这个载体,监理企业这个平台去实践,并实现自我抱负,在这个过程中将知识变成监理价值,不断体现行业的正能量和职业情怀,在行业发展中留下自己和企业的痕迹。

附　图

图1　西三公路全体监理人员合影

图2　京津塘高速公路监理合同签字仪式

■ 图3 济青公路第四合同段竣工交接签证仪式

■ 图4 交通部第一次监理工程师培训班结业典礼

■ 图5 中外监理工程师一起讨论工作

■ 图6 交通部监理工程师培训教材第一次审查会参会人员合影

■ 图7 交通建设监理法规宣贯培训会

■ 图8 早期交通运输工程监理工程师部分学习资料

■ 图9 中国交通建设监理协会成立大会

■ 图10 公路甲级监理单位总经理联谊会

■ 图11 中国交通建设监理20年回顾暨发展论坛代表合影

■ 图12 京津塘高速公路老一辈监理人20年后再聚首

■ 图13 意气风发的监理工程师

■ 图14 工程施工现场

■ 图15 监理人员工作现场

■ 图16 监理人员进行测量数据比对

■ 图17 青年监理人员签名表决心

■ 图18 监理工程师考试现场

■ 图19　济青高速公路工程

■ 图20　广西崇左至靖西高速公路工程

图21 虎门大桥工程

图22 润扬长江公路大桥工程

■ 图23 洪溪特大桥工程

■ 图24 南浦溪特大桥工程

图25 港珠澳大桥工程

图26 新疆乌尉高速公路巴拉提特大桥工程施工现场

■ 图27 秦岭终南山隧道工程

■ 图28 大连湾海底隧道北岸工程

■ 图29 新疆天山胜利隧道进口端鸟瞰图

■ 图30 南昌国际集装箱码头工程

■ 图31 天津港新建东突堤工程

■ 图32 茂名港博贺新港区东区油品码头工程

参考文献

[1] 交通运输部职业资格中心.交通运输工程目标控制[M].北京:人民交通出版社股份有限公司,2022.

[2] 山西省交通基本建设工程质量监督站.公路工程试验检测仪器设备校准指南[M].北京:人民交通出版社,2011.

[3] 交通运输部职业资格中心.公路水运工程试验检测专业技术人员职业资格考试用书　公共基础:2022年版[M].北京:人民交通出版社股份有限公司,2022.

[4] 凤懋润.交通建设监理岗位职责手册[M].北京:人民交通出版社,2010.

[5] 巩德胜.《公路工程施工监理规范》操作手册[M].北京:人民交通出版社股份有限公司,2019.

[6] 秦仁杰,秦志斌.工程质量与安全监理[M].北京:人民交通出版社股份有限公司,2020.

[7] 姚德新.交通工程测量[M].北京:中国铁道出版社,2017.

[8] 梁盛智.测量学[M].重庆:重庆大学出版社,2002.

[9] 徐宵鹏.公路工程测量[M].北京:人民交通出版社,2005.

[10] 杨永红.道路勘测设计[M].北京:中国电力出版社,2015.

[11] 叶英.隧道地质预报手册[M].北京:人民交通出版社股份有限公司,2016.

[12] 周绪利.公路工程监理的发展[J].中国公路,2020,6(2):6-22.

[13] 中华人民共和国交通运输部.公路隧道施工技术规范:JTG/T 3660—2020[S].北京:人民交通出版社股份有限公司,2020.

[14] 中华人民共和国交通运输部.公路隧道养护技术规范:JTG H12—2015[S].北京:人民交通出版社股份有限公司,2015.

[15] 交通运输部职业资格中心.桥梁隧道工程:2022年版[M].北京:人民交通出版社股份有限公司,2022.

[16] 交通运输部安全与质量监督管理司,交通运输部职业资格中心.公路水运工程试验检测专业技术人员职业资格考试用书 桥梁隧道工程:2022年版[M].北京:人民交通出版社股份有限公司,2022.

[17] 交通运输部公路科学研究院.公路桥梁技术状况评定标准:JTG/T H21—2011[S].北京:人民交通出版社,2011.

[18] 交通运输部公路科学研究院.公路桥梁承载能力检测评定规程:JTG/T J21—2011[S].北京:人民交通出版社,2011.

[19] 中国建筑科学研究院.城市桥梁检测与评定技术规范:CJJ/T 233—2015[S].北京:中国建筑出版社,2015.

[20] 招商局重庆交通科研设计院.公路桥梁抗震设计规范:JTG/T 2231-01—2020[S].北京:人民交通出版社股份有限公司,2020.

[21] 同济大学.公路桥梁抗风设计规范:JTG/T 3360-01—2018[S].北京:人民交通出版社股份有限公司,2019.

[22] 向中富.桥梁工程控制[M].北京:人民交通出版社,2011.

[23] 姚国文,吴海军,李世亚.桥梁检测与加固技术[M].北京:人民交通出版社,2014.

[24] 交通运输部公路科学研究院.公路工程质量检验评定标准 第一册 土建工程:JTG F80/1—2017[S].北京:人民交通出版社股份有限公司,2017.

[25] 长安大学.公路桥梁荷载试验规程:JTG/T J21-01—2015[S].北京:人民交通出版社股份有限公司,2016.

[26] 王达,何远信.地质钻探手册[M].长沙:中南大学出版社,2014.

[27] 周水兴.桥梁结构电算—有限元分析方法及其在MIDAS/Civil中的应用[M].2版.北京:人民交通出版社股份有限公司,2020.

[28] 叶爱君,管仲国.桥梁抗震[M].3版.北京:人民交通出版社股份有限公司,2017.

[29] 魏红一.桥梁施工及组织管理[M].北京:人民交通出版社,2007.

[30] 赵天祺,勾红叶,陈萱颖,等.桥梁信息化及智能桥梁2020年度研究进展[J].土木与环境工程学报(中英文),2021,43(S1):268-279.

[31] 勾红叶,杨彪,华辉,等.桥梁信息化及智能桥梁2019年度研究进展[J].土木与环境工程学报(中英文),2020,42(05):14-27.

[32] 张鹏飞,杨福瑞,雷晓燕,等.基于Revit平台的高速铁路大跨斜拉桥工程算量系统研发[J].铁道标准设计,2021,65(8):72-76.

[33] 周应华,瞿浩,景磊.基于精细化BIM模型的钢结构桥梁工程量自动统计技术研究[J].公路,2020,65(7):109-112.

[34] 交通部公路科学研究院.公路沥青路面施工技术规范:JTG F40—2004[S].北京:人民交通出版社,2004.

[35] 交通运输部公路科学研究院.公路水泥混凝土路面施工技术细则:JTG/T F30—2014[S].北京:人民交通出版社股份有限公司,2014.

[36] 交通运输部公路科学研究院.公路路面基层施工技术细则:JTG/T F20—2015[S].北京:人民交通出版社股份有限公司,2015.

[37] 中国建筑科学研究院.普通混凝土配合比设计规程:JGJ 55—2011[S].北京:中国建筑工业出版社,2011.

[38] 交通运输部公路科学研究院.公路技术状况评定标准:JTG 5210—2018[S].北京:人民交通出版社股份有限公司,2019.

[39] 交通运输部公路科学研究所.公路路基路面现场测试规程:JTG 3450—2019[S].北京:人民交通出版社股份有限公司,2020.

[40] 全国交通工程设施(公路)标准化技术委员会.多功能路况快速检测设备:GB/T 26764—2011[S].北京:中国标准出版社,2011.

[41] 中交路桥技术有限公司.公路沥青路面设计规范:JTG D50—2017[S].北京:人民交通出版社股份有限公司,2017.

[42] 中交公路规划设计研究院有限公司.公路水泥混凝土路面设计规范:JTG D40—2011[S].北京:人民交通出版社,2011.

[43] 交通运输部安全与质量监督管理司,交通运输部职业资格中心.公路水运工程试验检测专业技术人员职业资格考试用书 道路工程[M].北京:人民交通出版社股份有限公司,2022.

[44] 中国交通建设股份有限公司.公路工程施工安全技术规范:JTG F90—2015[S].北京:人民交通出版社股份有限公司,2015.

[45] 田伟.海外工程监理特点及应对策略[J].施工技术(中英文),2021,50(17):154-157.

[46] 许文庆,徐忠潮,钱岳高.总监理工程师方法论略谈[J].建设监理,2020,3(11):7-9.

[47] 江丽丽.论监理工程师在建设工程项目管理中的作用[J].四川水泥,2018,5(10):187.

[48] 田莉莉.试析交通工程施工监理的质量控制[J].工程建设与设计,2018,1(14):232-233.

[49] 林秀忠.论新时代监理工程师的基本素质与能力要求[J].河南建材,2018,9(4):128-130.

[50] 白友军.监理工程师所必备的基本素质与技能探讨[J].住宅与房地产,2018,14(19):280.

[51] 李凡云.新形势下监理工程师施工安全管理工作分析[J].建筑技术开发,2018,45,3(4):35-36.

[52] 黄朋显.我的监理工程师生涯[J].经纬天地,2017,7(4):72-75.

[53] 付继文.浅谈监理工程师在施工现场的协调作用[J].民营科技,2017,8(6):95.

[54] 冯腾蛟.监理工程师在工程试验检测中监控点设置[J].交通世界,2017,3(11):138-139.

[55] 蔡汶呈.我国公路工程监理现状分析及未来发展构想[D].成都:西南交通大学,2008.

[56] 郑顺达.建筑工程施工安全监理的风险管理与防范路径[J].中华建设,2022,7(8):40-42.

[57] 邓川平.工程监理风险管理浅析[J].中国住宅设施,2022,22(4):127-129.

[58] 樊冀.工程监理现状问题和提升发展思路探讨[J].地下水,2021,43(6):323-324.

[59] 靳守珠.浅谈建设工程监理现状及应对策略[J].建设监理,2021,13(8):19-21.

[60] 王雨春.建设工程监理现状存在问题的分析与思考[J].山西水利科技,2021,4(1):71-72.

[61] 李彦兵.工程监理行业面临的问题及发展前景[J].中国建筑装饰装修,2021,11(2):178-179.

[62] 王大明.关于水利工程监理过程中风险的分析与控制[J].农家参谋,2020,6(8):168.

[63] 余远胜.对水利水电工程监理现状的认识与思考[J].城市建设理论研究(电子版),2019,2(16):167.

[64] 淡泊明.建设监理30年创新发展之路及前景[J].建筑,2018,4(21):40-42.

[65] 陈泽昊,东怀正,王玉民,等.工程监理与环境监理协作方式探讨[J].铁路节能环保与安全卫生,2018,8(2):64-67.

[66] 吕继红.工程监理的前景与挑战[J].中国招标,2016,6(36):28-31.

[67] 朱海东,沈艳,汪洋.当前监理行业现状及前景的调研报告[J].中小企业管理与科技(上旬刊),2010(12):239.

[68] 赵文忠.现阶段我国工程建设监理行业发展前景研究[D].天津:天津大学,2007.

[69] 中国交通建设监理协会.公路工程施工监理信息系统技术规范:T/CHTS 10071—2022[S].北京:人民交通出版社股份有限公司,2022.